Para visualizar o conteúdo digital deste livro, acesse o site **www.bomjesuseditora.com.br/livrodigital**, digite o seu código de acesso e siga as instruções contidas na página.

CÓDIGO DE ACESSO:

D19786D5COTRD

Importante: Caso ocorra a perda ou o vazamento da senha, solicite imediatamente o bloqueio de acesso e a criação de uma nova senha.

Em caso de dúvidas, entre em contato conosco pelos canais de atendimento.

0800 764 4400
atendimento.comercial@bomjesus.br

Coleção
FORMAÇÃO DE VALOR

Ciências

Patrícia Tassi Rodrigues

2.º ano

Bom Jesus
EDITORA

EDITORA BOM JESUS

PRESIDENTE DA ASSOCIAÇÃO FRANCISCANA DE ENSINO SENHOR BOM JESUS
Frei João Mannes

DIRETOR-GERAL
Jorge Apóstolos Siarcos

**GERENTE PEDAGÓGICA DO CENTRO DE ESTUDOS E PESQUISAS (CEP)
E DA EDITORA BOM JESUS**
Giselli Padilha Hümmelgen

COORDENAÇÃO EDITORIAL
Ana Maria Cotrim e Fabiola Penso

EDITORAS
Isabel Cristina Marconcin e Lisiane Taiatella Sari

PROJETO GRÁFICO
Diversi Marketing Educacional

ILUSTRADORES
Ricardo Enz e Roberto Zoellner

NORMATIZAÇÃO BIBLIOGRÁFICA
Edith Dias

Todos os direitos desta edição estão reservados à Editora Bom Jesus. Nenhuma parte desta obra poderá ser reproduzida ou transmitida por qualquer forma e/ou quaisquer meios (eletrônico ou mecânico, incluindo fotocópia e gravação) ou arquivada em qualquer sistema ou banco de dados sem permissão escrita da Editora.

Rodrigues, Patrícia Tassi
   Ciências do 2. ano do ensino fundamental: livro do estudante/Patrícia Tassi Rodrigues; ilustradores: Ricardo Enz, Roberto Zoellner. Curitiba: Editora Bom Jesus, 2017.
   204 p.   ilust.   30cm   (Formação de Valor)

ISBN 978-85-8459-052-0

   1. Ciências (Ensino Fundamental) – Estudo e ensino. I. Enz, Ricardo, ilust. II. Zoellner, Roberto, ilust. III. Título.

CDD – 372.35

EDITORA BOM JESUS
Rua Anselmo de Lima Filho, 242
81290-250 – Curitiba-PR
www.bomjesus.br

APRESENTAÇÃO

Caro Aluno,

Este livro caracteriza-se como um dos instrumentos de leitura e de registro que serão utilizados por você durante o seu processo de aprendizagem.

Para elaborá-lo, foram realizadas diferentes pesquisas e organizadas propostas de trabalho que estimulam e favorecem a estruturação de hipóteses, a reflexão, a análise e a pesquisa, o trabalho em grupo e a síntese das descobertas.

Espera-se que os conteúdos e a metodologia apresentados nas próximas páginas contribuam de fato para sua aprendizagem, para despertar a consciência e a criticidade sobre o mundo que o cerca e, também, abram espaço para que você, aluno, seja instigado a aprender cada vez mais.

Sumário

UNIDADE 1 – CORPO HUMANO ... 6

DIFERENTES, MAS PARECIDOS ... 8
Características físicas comuns aos seres humanos ... 14
O corpo humano e suas principais partes ... 18
O esqueleto humano e suas funções ... 23

O QUE NOS TORNA ÚNICOS? ... 26
Quantas pessoas existem no mundo? ... 26
Características físicas individuais ... 27
Características físicas que nos tornam únicos ... 30
O respeito à diversidade ... 37

AVANÇOS NA CIÊNCIA ... 40
Os cientistas e suas descobertas ... 42
Instrumentos para investigação ... 47
A invenção da vacina ... 51

UNIDADE 2 – ALIMENTAÇÃO ... 58

ALIMENTAÇÃO E SAÚDE ... 60
Os alimentos e suas contribuições ... 61
As refeições diárias ... 66
Os nutrientes dos alimentos ... 70
Sal, açúcar e gordura nos alimentos ... 78

ALIMENTAÇÃO E CUIDADOS ... 83
Higiene dos alimentos ... 84
Alimentos naturais e alimentos processados ... 89
Cuidados na compra de alimentos ... 93

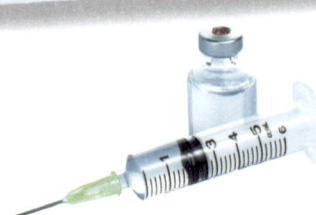

DESCOBRINDO OS CINCO SENTIDOS 97
Os sentidos e a interação com o ambiente 98
Tato 98
Visão e audição 99
Olfato e paladar 103
A integração entre o olfato e o paladar 108
Os sentidos e a saúde 109
.... 113

UNIDADE 3 – HIGIENE 116

HIGIENE E CUIDADO COM O CORPO 118
Higienização e outros cuidados com o corpo 120
Produtos para a higiene corporal 127

HIGIENE BUCAL 129
Saúde bucal 130
Produtos para a higiene bucal 136
Dentição 138
O profissional da saúde bucal 141

OUTROS CUIDADOS COM A SAÚDE HUMANA 143
Saúde mental 144
Os benefícios de dormir bem 147
A importância da prática de exercícios físicos 151
O lixo 153
Cuidados com o meio ambiente 157

ENCARTES 165
LISTA DE CRÉDITOS 187
REFERÊNCIAS 197

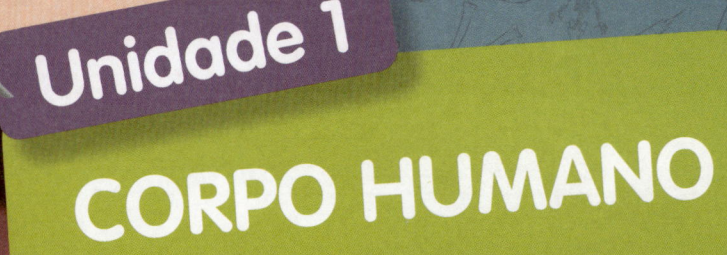

Unidade 1
CORPO HUMANO

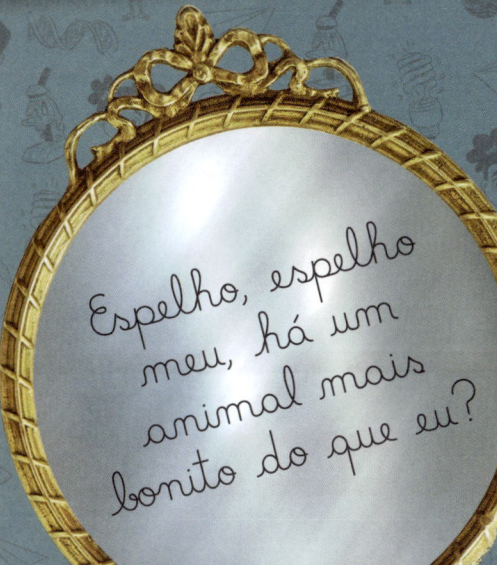

Espelho, espelho meu, há um animal mais bonito do que eu?

Momento de investigação

1. O que há em comum nas imagens apresentadas?

2. O fato de os animais estarem se olhando no espelho significa que eles se reconhecem?

3. Em sua opinião, qual animal representado nas imagens pode se reconhecer em um espelho? Compartilhe sua ideia com a turma.

4. Você já viu algum animal se olhando no espelho? Como ele reagiu? Conte aos colegas.

Unidade 1 | Corpo humano

Diferentes, mas parecidos

A capacidade de identificar a si mesmo em um espelho não é comum na natureza. Entre os cientistas, há o entendimento de que essa habilidade só existe em animais que conseguem perceber as necessidades de outros animais da mesma espécie, possibilitando que se ajudem mutuamente.

Se você tem algum animal de estimação, pode fazer o teste.

 **Momento de investigação**

1. Que animais têm a capacidade de se reconhecer no espelho? Registre suas hipóteses.

   _____
   _____
   _____
   _____

 **Descobrindo**

Unidade 1 | Corpo humano

Gatos e cachorros, por exemplo, quando são colocados na frente de um espelho, agem com curiosidade, mas podem rapidamente se desinteressar pelo que veem. Esses animais podem até dar a volta para verificar se há alguma coisa atrás do espelho. Já algumas espécies de aves acreditam que a imagem refletida é a de outro animal, chegando a brigar com seu reflexo ou a fugir dele.

No mundo de um cachorro ou de um gato, as imagens não têm a mesma importância como no do ser humano. Eles reconhecem o mundo por meio de sons e, principalmente, de cheiros.

Agora, coloque um ser humano em frente ao espelho. De forma **instintiva**, ele já começa a mexer no cabelo. Isso porque, quando nos olhamos no espelho, temos a capacidade de perceber que a imagem projetada se trata do nosso próprio reflexo e, assim, podemos perceber nossas características físicas externas, como a cor dos olhos, da pele e do cabelo, e o tamanho e o formato do nariz.

Instintivo refere-se à ação que não é aprendida ou treinada; ação espontânea.

Saiba mais

Sei que sou eu!

Poucos animais têm a capacidade de se reconhecer no espelho. Os que conseguem são algumas espécies de macacos, golfinhos, seres humanos e... os elefantes! Mas como é possível saber se um animal tem consciência de que está olhando para si mesmo quando observa seu reflexo no espelho? Para que os biólogos pudessem responder a essa pergunta, foram realizados determinados experimentos. No caso dos elefantes, três adultos do sexo feminino do jardim zoológico da cidade de Nova York foram testados. Um grande espelho foi deixado no ambiente em que circulavam. Após uma fase em que se aproximavam do objeto com curiosidade (tocando e, possivelmente, farejando), houve outra em que tentaram olhar por cima e atrás do espelho e também se observar nele. Após isso, foram desenhadas marcas sobre a face dos elefantes, as quais foram reconhecidas por eles, que tocaram o local.

FONTE: PLOTNIK, J. M.; WALL, F. B. M; REISS, D. **Proceedings of the National Academy of Sciences of the USA**, Washington, v. 103, n. 45, Sep. 13, 2006.

Unidade 1 | Corpo humano

Aplicando conhecimentos

1. O que podemos fazer para provar que, quando estamos em frente a um espelho, é a nossa imagem que está sendo refletida?

   _____

   _____

2. Observe seu corpo em um espelho. Olhe com atenção seu cabelo, sua boca, a cor e o formato de seus olhos.

   Agora, represente por meio de um desenho as características físicas que você percebeu.

3. Complete a ficha com a indicação das características físicas que você notou ao se olhar no espelho.

Minhas características

Meu cabelo é _____ e tem a cor _____.

Meus olhos são da cor _____ e são

( ) grandes.

( ) pequenos.

Minha boca é

( ) grande.

( ) pequena.

A minha pele tem a cor _____.

Unidade 1 | Corpo humano

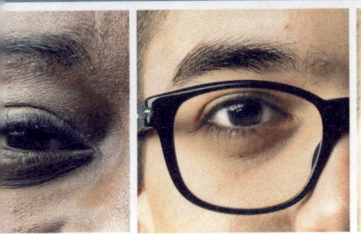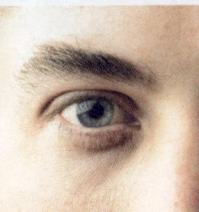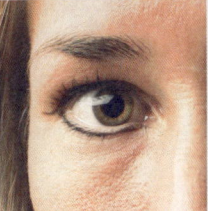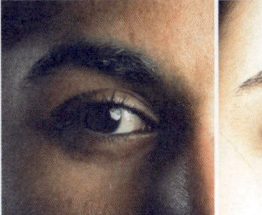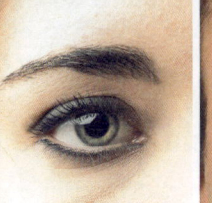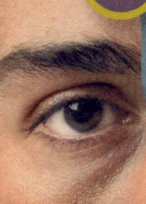

4. Forme uma dupla com um colega da turma e escreva o nome dele.

5. Compare e registre, escrevendo ou circulando no quadro a seguir, diferenças e semelhanças entre as suas características físicas e as desse colega.

Meus olhos são da cor _____ e os do meu colega são da cor _____.

Meu cabelo é longo/curto e liso/enrolado e o do meu colega é longo/curto e liso/enrolado.

Minhas sobrancelhas são grossas/finas e as do meu colega são grossas/finas.

Nós dois temos dois olhos, duas _____, uma boca e um _____, entre outras características externas que são comuns aos seres humanos.

Unidade 1 | Corpo humano

Leia a letra da música a seguir.

Boneca de lata

Minha boneca de lata bateu _____ no chão...
Levou mais de uma hora pra fazer a arrumação
Desamassa aqui, pra ficar boa...

Nariz... Cotovelo... Barriga... Joelho...
Ombro... Mão.... Costas.... Pé....

Domínio Público.

Momento de investigação

1. Escute e/ou cante a música colocando-se de frente para um colega. Identifique com ele as partes do corpo, apontando-as conforme a letra da música.

2. Você e seu colega apontaram para as mesmas partes?

3. Vocês dois possuem as partes do corpo descritas na música?

4. A maioria das pessoas possui as partes apresentadas na letra da música? Justifique sua resposta.

5. Podemos dizer que as pessoas possuem características físicas semelhantes? Explique.

Unidade 1 | Corpo humano

13

6. Leia as opções seguintes e pinte as que indicam características físicas que a maioria das pessoas possui.

| DOIS BRAÇOS | NARIZ ARREBITADO | PESCOÇO |

| OLHOS CASTANHOS | TRONCO | BOCA PEQUENA |

Comunidade de aprendizes

1. Compartilhe com os colegas sua ideia sobre as características físicas semelhantes entre as pessoas e discutam a respeito.

2. Registre o raciocínio do grupo por meio da escrita de frases e de desenho.

_____

_____

Unidade 1 | Corpo humano

Características físicas comuns aos seres humanos

Orientais, negros, loiros, morenos, com cabelos lisos ou enrolados, altos, baixos... Essas são algumas das características que você pode observar nos colegas de sua sala de aula e em pessoas com as quais você convive.

> Orientais são povos semelhantes aos da Ásia, como os japoneses e os chineses.

Entender que existe diversidade é muito importante, pois isso nos ensina a cultivar relações saudáveis com as pessoas, independentemente da aparência que apresentam.

As características citadas anteriormente são as que podem nos diferenciar uns dos outros. Mas também temos semelhanças, como a organização do nosso corpo, que é formado basicamente pelas mesmas partes, com uma cabeça, um pescoço, um tronco, dois braços, duas mãos, entre outras – essas são características físicas inerentes aos seres humanos.

Diversidade global

Existem muitos povos em nosso planeta. Pense em como os japoneses são diferentes dos alemães, que diferem dos índios brasileiros, entre outros exemplos. Refletindo sobre isso, é possível perceber como há variedade em relação aos comportamentos e costumes, uma vez que há povos que se destacam pela disciplina, pela tecnologia, pelo patriotismo, pelos valores éticos e morais. Outros pela sinceridade e pontualidade. Também há diversidade quanto às cores de pele, às alturas, aos cabelos e às

Unidade 1 | Corpo humano

características faciais marcantes. Mas todos têm algo em comum: são seres humanos, independentemente de suas culturas e aparências. Essa pluralidade engrandece a Terra, tornando-a completa.

 **Aplicando conhecimentos**

Conheça duas das obras de Tarsila do Amaral, considerada uma das mais importantes artistas do Brasil, e realize as atividades.

1. Observe com atenção a obra *Operários*.

AMARAL, Tarsila do. **Operários**. 1933. Óleo sobre tela, 150 x 250 cm. Acervo Artístico-Cultural dos Palácios do Governo do Estado de São Paulo, SP.

a) Converse com os colegas sobre o significado do título da obra de Tarsila, *Operários*.

Unidade 1 | Corpo humano

16

b) Com relação às características físicas externas, em que as pessoas retratadas na obra são diferentes? E semelhantes?

Diferenças:

_____
_____
_____

Semelhanças:

_____
_____
_____

2. Agora, observe outra obra de Tarsila do Amaral.

AMARAL, Tarsila do. **Fotografia**. 1953. Óleo sobre tela, 65 x 81 cm. Coleção particular, São Paulo, SP.

a) Quais são as características físicas externas e comuns aos seres humanos que foram retratadas nessa obra? Registre-as.

_____
_____

Unidade 1 | Corpo humano

Momento de investigação

1. Leia o trecho do poema seguinte.

O corpo humano

Toda criança estudiosa,
Que deseja passar de ano,
Deve saber que em três partes
Se divide o corpo humano.
São: cabeça, tronco e membros
– É bem fácil a lição –
Vejamos parte por parte,
Preste, pois, muita atenção.
Na memória, guarde bem,
É importante, não se esqueça!
Somente de crânio e face
Se constitui a cabeça.
[...]

FONTE: FREITAS, W. N. de. **Barquinhos de papel**: poesias infantis. São Paulo: Difusora Cultural, 1961.

a) De acordo com o poema, como o corpo humano é dividido? Volte ao texto, encontre a resposta e pinte-a.

b) O poema cita que na cabeça há crânio e face, mas não indica como são compostas as demais partes do corpo. Registre, por meio da escrita de frases, que partes do corpo humano podem ser encontradas no tronco e nos membros.

_____
_____
_____
_____

Unidade 1 | Corpo humano

Comunidade de aprendizes

1. Compartilhe com os colegas suas ideias sobre as partes externas do corpo humano e discutam a respeito do assunto.

2. Copie no caderno o texto que foi elaborado de modo coletivo após a discussão.

Descobrindo

O corpo humano e suas principais partes

O organismo humano é formado por três partes principais: cabeça, tronco e membros. Cada uma delas possui funções e órgãos diferentes.

A cabeça é constituída pelo crânio (que protege o cérebro) e pela face, que contém os seguintes órgãos sensoriais: nariz, olhos, boca, orelhas e pele (que cobre o corpo todo). São esses órgãos que percebem o ambiente e enviam mensagens para o cérebro.

O tronco é uma região que se une a outras partes, como os membros, e em seu interior estão órgãos, como o coração, os pulmões e o estômago.

Os membros são divididos em superiores e inferiores. Os superiores consistem em: ombros, braços, antebraços e mãos. Já os inferiores são compostos de: quadris, coxas, pernas e pés.

Saiba mais

A pele, que é o maior órgão do corpo e pode apresentar cores diferentes, cobre todo o nosso organismo, como se fosse um embrulho. Mas é elástica e cresce ao mesmo tempo que nós, protegendo-nos dos **micróbios**, do calor e do frio.

Micróbios são seres vivos tão pequenos que só podem ser vistos com o auxílio de microscópios.

O que existe sob a pele que nos torna semelhantes?

Unidade 1 | Corpo humano

Aplicando conhecimentos

1. Leia, a seguir, os trechos de letras de algumas músicas infantis.

Um homem bateu em minha porta

Um homem bateu em minha porta
E eu abri
Senhoras e senhores, ponham a mão no chão
Senhoras e senhores, pulem com um pé só
Senhoras e senhores, deem uma rodadinha
E vão para o olho da rua!

Salada, saladinha

Salada, saladinha, bem temperadinha, com sal, pimenta... fogo, foguinho.

Suco gelado

Suco gelado caramelizado qual a letra do(a) seu(sua) namorado(a) a, b, c, d...

2. Agora, comente sobre os seguintes questionamentos com os colegas e realizem a brincadeira sugerida.

a) Você conhece essas músicas?

b) Elas, geralmente, fazem parte de qual brincadeira?

c) Você sabe ou gosta de pular corda?

d) Reúna-se com os colegas e participe dessa brincadeira no pátio da escola.

Unidade 1 | Corpo humano

3. Observe outras crianças brincando de pular corda.

   a) Quais são as partes do corpo que possibilitam realizar essa brincadeira? Leia as opções ao lado e pinte as corretas.

| DENTES |
| PERNAS |
| SOBRANCELHAS |
| BRAÇOS |
| ORELHAS |
| JOELHOS |

4. Leia as palavras seguintes. Elas se referem a algumas partes do corpo.

OLHOS – TÓRAX – MÃOS – PERNAS – BOCA – BRAÇOS – ABDÔMEN – PÉS

Agora, escreva as palavras nos lugares correspondentes do quadro.

Cabeça	Tronco	Membros superiores	Membros inferiores

Unidade 1 | Corpo humano

5. Registre os nomes das principais partes do corpo humano nos respectivos lugares.

Saiba mais

Você sabia que, na Grécia e na Roma antigas, pular corda era uma atividade realizada para celebrar a chegada das novas estações?

Momento de investigação

1. Siga o roteiro e confeccione uma representação do esqueleto humano.

   a) Separe antecipadamente 21 hastes flexíveis, uma folha de papel A4 na cor preta, tesoura e cola branca e destaque o crânio disponibilizado no Encarte 1.

Unidade 1 | Corpo humano

22

b) Cole seis hastes inteiras na horizontal sobre o papel preto, a fim de representar alguns ossos do nosso corpo. Elas devem ficar distantes, aproximadamente, 1 centímetro uma da outra.

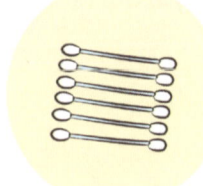

c) Cole uma haste flexível na perpendicular sobre as outras para representar um dos ossos de grande importância. Cole o crânio, que está no Encarte 1, na parte de cima desta última haste flexível.

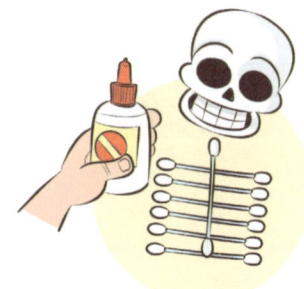

d) Cole oito hastes inteiras para representar os braços e as pernas.

e) Corte seis hastes flexíveis ao meio. Elas serão usadas para representar as mãos e os pés.

f) Organize com o professor uma exposição dessa atividade em sala de aula.

2. Agora, registre o nome do conjunto de ossos que você representou na atividade anterior.

_____

_____

3. Para que serve o esqueleto? Registre o que você sabe.

_____

_____

_____

_____

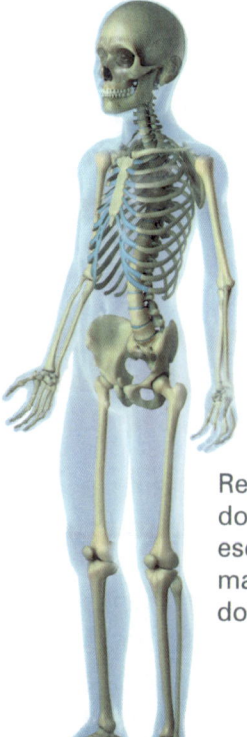

Representação do sistema esquelético, mais próxima do real

4. Podemos dizer que o esqueleto é comum aos seres humanos? Por quê?

_____

_____

_____

_____

Unidade 1 | Corpo humano

Comunidade de aprendizes

1. Compartilhe com os colegas suas ideias sobre o esqueleto e discutam a respeito dessa estrutura e de suas funções.

2. Explique a ideia do grupo por meio da escrita.

_____
_____
_____
_____
_____

O esqueleto humano e suas funções

O esqueleto é formado por um conjunto de ossos. Se apalparmos o nosso corpo em muitas regiões, podemos senti-los.

Ao nascer, temos 300 ossos, mas alguns deles se fundem e chegamos à idade adulta com 206.

Você sabia que metade dos seus 206 ossos está em suas mãos e pés?

Uma das funções do esqueleto, aliado à musculatura, é a sustentação do organismo. É por meio dele que conseguimos ficar na posição vertical.

O esqueleto também tem a função de proteger diferentes órgãos, como o cérebro, a medula espinal, o coração e os pulmões.

Além da sustentação e da proteção, outra função do esqueleto é a locomoção. É por meio dos ossos e dos músculos que os recobrem que podemos correr, andar e pular, enfim, movimentar-nos. Mas, para que o movimento corporal aconteça, é necessário o comando do cérebro.

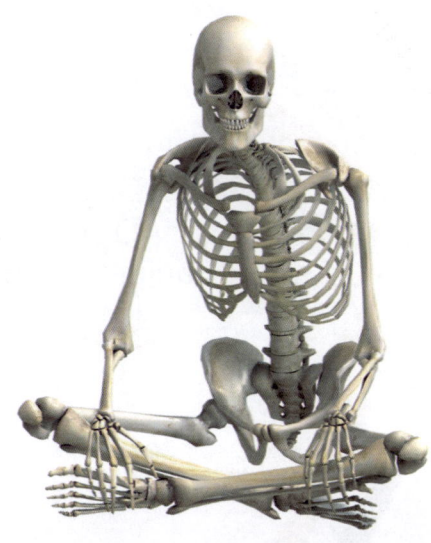

Unidade 1 | Corpo humano

Saiba mais

Seus ossos

O esqueleto é formado por diferentes partes. Conheça-as observando a imagem ao lado.

O maior osso é o fêmur, o osso da coxa, e o menor é o estribo, um dos três ossos da orelha.

No interior de alguns ossos, existe a medula óssea vermelha, que produz elementos do sangue.

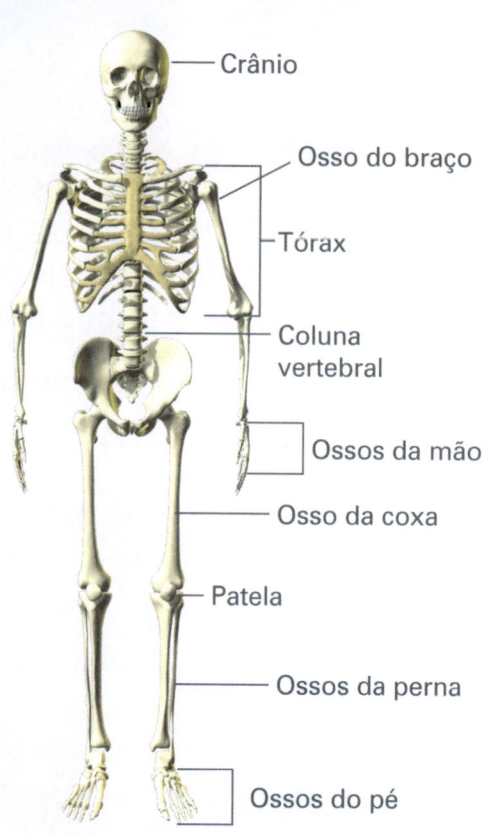

- Crânio
- Osso do braço
- Tórax
- Coluna vertebral
- Ossos da mão
- Osso da coxa
- Patela
- Ossos da perna
- Ossos do pé

Aplicando conhecimentos

1. Quais são as principais estruturas responsáveis pelos movimentos do nosso corpo? Marque, com um X, a opção correta.

    ( ) Ossos e vasos sanguíneos.

    ( ) Ossos e músculos.

    ( ) Somente os músculos.

2. O esqueleto exerce diferentes e importantes funções. Com relação a ele, pinte as frases corretas.

    O conjunto de ossos que possuímos auxilia apenas na sustentação do nosso corpo.

    O esqueleto protege órgãos como o coração e os pulmões.

    O equilíbrio e o movimento do corpo ocorrem por meio da ação conjunta de músculos e de ossos.

    O crânio protege o cérebro.

Unidade 1 | Corpo humano

Registrando as descobertas

1. Após participar da construção coletiva do mapa mental sobre o conteúdo deste Capítulo, registre-o no espaço a seguir. Utilize os recursos disponibilizados no Encarte 2.

Unidade 1 | Corpo humano

O que nos torna únicos?

Quantas pessoas existem no mundo?

O planeta Terra já alcançou mais de 7 bilhões de habitantes. O país recordista em população é a China, com aproximadamente 1,4 bilhão de habitantes. No Brasil, são cerca de 200 milhões de pessoas. O estado de São Paulo é o recordista por aqui, com mais de 43 milhões de habitantes. Apesar desses números, cada ser humano apresenta características físicas e comportamentais próprias.

Momento de investigação

1. Releia o título deste Capítulo e responda a questão que ele apresenta.

_____
_____
_____
_____
_____

Comunidade de aprendizes

1. Compartilhe com os colegas suas ideias sobre os aspectos que diferenciam uma pessoa da outra e discutam a respeito.

2. Registre, por meio da escrita, as considerações do grupo.

_____
_____
_____
_____
_____
_____
_____

Características físicas individuais

Há um conjunto de características comuns entre os seres humanos, como o esqueleto e a estrutura e as **dimensões** do cérebro, além de elementos que formam a face, por exemplo. Essas características podem, até certo ponto, distinguir-nos de outros animais e nos definir como membros da espécie humana. Por outro lado, existem atributos que nos tornam únicos, como a personalidade, as preferências e as características físicas individuais, que são variações dentro da nossa própria espécie.

As características físicas individuais, como a cor dos olhos e do cabelo, o formato da boca e do nariz e a altura, são **herdadas** dos pais, dos avós e até dos bisavós por meio da transmissão de informações contidas no código genético, o DNA. Por esse motivo, somos semelhantes com relação à **fisionomia** e à constituição corporal dos nossos familiares.

Dimensões relaciona-se ao tamanho ou às medidas de um objeto.

Herdadas refere-se às características recebidas dos pais ou de outros familiares.

Fisionomia refere-se à feição do rosto; aparência.

Assim, podemos afirmar que a herança genética é um dos fatores que dão origem à diversidade entre os indivíduos.

Observe algumas famílias e as características físicas externas das pessoas que as compõem.

As características físicas herdadas sofrem a influência do ambiente que nos cerca e do estilo de vida que adotamos. Três exemplos comuns são a alteração da cor da pele, que varia de acordo com a exposição ao Sol; a massa muscular, que aumenta em indivíduos que se exercitam; e a quantidade de gordura que se acumula em pessoas que têm hábitos alimentares inadequados.

Possuir covinhas na bochecha ou ter a capacidade de enrolar a língua em U são exemplos de características herdadas dos familiares.

Saiba mais

O DNA, representado na imagem ao lado, contém informações sobre as características dos seres vivos. Nos seres humanos, é ele que determina a cor da pele e o tipo de cabelo, por exemplo.

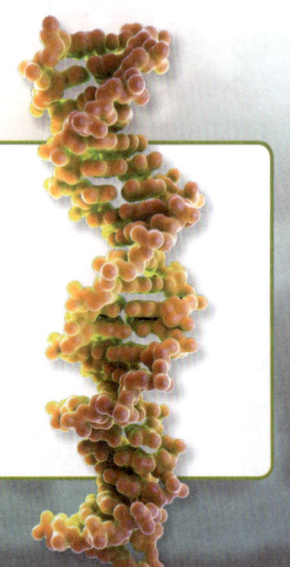

Momento de investigação

1. Cada pessoa é um ser único. Quais são as características físicas que garantem essa individualidade?

2. Converse sobre esse questionamento com os colegas e registre as considerações da turma.

_____
_____
_____
_____
_____
_____

Características físicas que nos tornam únicos

Há outras características que são únicas para cada pessoa. Por exemplo, é possível identificar alguém conhecido pelo seu modo próprio de andar.

A voz é outra característica que diferencia as pessoas. Sua produção ocorre de maneira igual em todos os seres humanos: o ar sai dos pulmões, passa pelas pregas vocais, estas vibram e produzem o som. Porém, ninguém apresenta formatos e tamanhos idênticos das estruturas do sistema respiratório ou da boca, por isso a voz de cada um possui características inerentes.

A cor e a estrutura do olho nos seres humanos são características herdadas da família. Entretanto, há nesse órgão uma região que varia de indivíduo para indivíduo, tornando-o único: a íris. Alguns filmes, inclusive, retratam que, no futuro, essa será uma maneira de identificar pessoas em aeroportos, por exemplo.

Além desses traços, as impressões digitais também servem para identificar as pessoas, já que cada digital é única, até mesmo em gêmeos idênticos. Essas digitais permanecem as mesmas durante a vida toda. Se você machucar a pele, após a cicatrização, marcas iguais irão aparecer novamente.

Analise cada uma das digitais e perceba as diferenças entre elas.

Dedos da mão esquerda, carimbados individualmente

Polegar	Indicador	Médio	Anular	Mínimo

Dedos da mão esquerda*	Dedos da mão direita*

*Carimbados simultaneamente

Unidade 1 | Corpo humano

Aplicando conhecimentos

1. Coloque o polegar direito ou esquerdo sobre a almofada do carimbo e deixe aqui a sua impressão digital. Em seguida, compare-a com a de um colega.

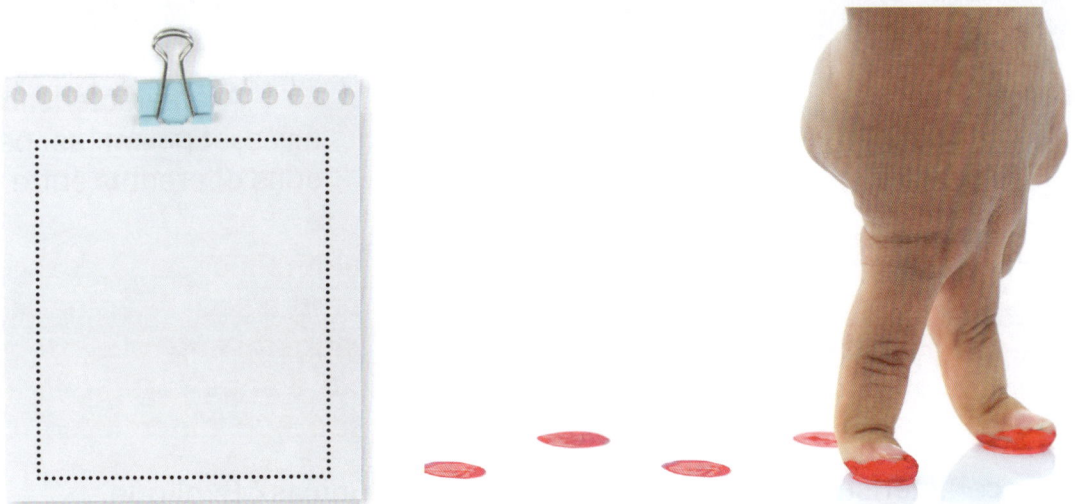

2. Leia o poema com o seu professor e resolva as atividades.

Diversidade

De pele clara
De pele escura
Um, fala branda
O outro, dura
Olho redondo, nariz pontudo
Ou arrebitado
Cabelo crespo
Cabelo liso
Dente de leite
Dente do siso
Um é menino
Outro é menina
(Pode ser grande ou pequenina)
Um é bem jovem
Outro, de idade
Nada é defeito
Nem qualidade
Tudo é humano,
Bem diferente
Assim, assado
Todos são gente
Cada um na sua
E não faz mal
di-ver-si-da-de
É que é legal!

FONTE: BELINKY, T. **Diversidade**.
São Paulo: Quinteto Editorial, 1999.

Unidade 1 | Corpo humano

a) Qual o assunto tratado no texto? Pinte a opção correta.

As características físicas tornam as pessoas iguais entre si.

As características físicas são diferentes apenas com relação à cor da pele, dos olhos e/ou do cabelo.

As características físicas tornam as pessoas diferentes entre si.

b) Que características físicas tornam as pessoas únicas? Explique.

_____
_____
_____
_____

c) Volte ao poema e pinte quatro características físicas externas que diferenciam uma pessoa da outra.

d) O poema afirma que a "diversidade é que é legal!". Você concorda com essa afirmação? Por quê?

_____
_____
_____
_____

Unidade 1 | Corpo humano

3. Na página anterior, há uma imagem com algumas crianças com características diferentes, mas está faltando uma: você. Represente suas características físicas externas na silhueta disponível no Encarte 3. Fique atento à cor de sua pele e de seu cabelo, ao tamanho e à cor de seus olhos, ao formato de sua boca e de seu nariz, entre outras características.

4. Compare a sua representação, realizada na silhueta, com a de um colega. Conversem sobre as semelhanças e as diferenças observadas. Em sua opinião, as diferenças entre as características físicas pessoais é algo bom? Por quê?

_____
_____
_____
_____

5. As diferenças físicas entre as pessoas favorecem ou dificultam o convívio social? Discuta com os colegas e registre, por meio da escrita, as conclusões do grupo.

_____
_____
_____
_____
_____

6. Analise a ilustração a seguir. Ela representa um grupo de alunos brasileiros com uma aluna intercambista japonesa.

Unidade 1 | Corpo humano

34

a) Agora, preste atenção na ilustração abaixo, de um intercambista brasileiro no Japão.

b) Compare as duas ilustrações. O que há em comum entre elas? Que diferença é observada?

_____
_____
_____
_____
_____
_____
_____

7. É correto afirmar que, dependendo do lugar onde você está ou da situação em que se encontra, o diferente pode ser você? Por quê?

_____
_____
_____
_____
_____
_____

Unidade 1 | Corpo humano

8. Monte o quebra-cabeça disponibilizado no Encarte 4 e, em seguida, cole-o no espaço indicado.

a) O que a imagem formada representa? Comente com os colegas e registre a resposta.

_____
_____
_____

b) Em sua opinião, como seria o mundo se todas as pessoas fossem iguais? Explique sua resposta.

_____
_____
_____
_____

Unidade 1 | Corpo humano

Momento de investigação

1. Observe a imagem.

   a) Você já viu uma imagem semelhante a essa em algum lugar? O que ela significa?

   _____
   _____
   _____

   b) Você considera importante essa adaptação em escadas, meio-fio ou calçadas? Por quê?

   _____
   _____
   _____

   c) Em sua cidade, há sinalização de espaços próprios para os cadeirantes? Esses espaços são respeitados pelas demais pessoas? Explique.

   _____
   _____
   _____
   _____

2. Você conhece outras sinalizações que contribuem para atender às necessidades de pessoas com deficiência*? Quais?

   _____
   _____
   _____

   *De acordo com a Lei n.º 13.146, de 6 de julho de 2015.

3. Qual a importância de se respeitar as pessoas com deficiência?

_____

_____

_____

_____

Descobrindo

O respeito à diversidade

A diversidade entre as pessoas não se limita às características físicas ou comportamentais. Algumas vezes, essas diferenças são causadas por uma **deficiência**.

Indivíduos com uma mesma deficiência também são diferentes entre si.

Segundo a Organização das Nações Unidas (ONU), aproximadamente 15% da população mundial, cerca de 1 bilhão de pessoas, possui alguma deficiência. Por isso, há pelo menos três décadas, as necessidades e os direitos dessas pessoas têm sido uma prioridade na agenda da ONU. No Brasil, há leis para resguardar os direitos individuais e sociais das pessoas com deficiência, além da sua integração social. Portanto, seus direitos são iguais aos de qualquer outro cidadão. Por isso, é preciso que lhes seja garantida a acessibilidade a edificações e meios de transporte, por exemplo.

> Deficiência é a perda de uma estrutura ou função do organismo, o que gera incapacidade ou dificuldade para o desempenho de uma atividade.

Unidade 1 | Corpo humano

Saiba mais

Existem formas de comunicação e de sinalização que indicam a acessibilidade correta e segura para pessoas com deficiência.

Comunicação visual

Sinaliza o acesso aos cadeirantes ou às pessoas com mobilidade reduzida, orientando percursos e uso correto de equipamentos, incluindo rampas, escadas, estacionamentos e telefones públicos.

Comunicação tátil

Direciona-se às pessoas com deficiência visual. No caso das calçadas, é representada por um alerta tátil (pastilhado) e tem a função de indicar a existência de obstáculos e de orientar o percurso do deficiente visual que transita pela via.

Comunicação sonora

Direciona-se especialmente às pessoas com deficiência visual. É encontrada em semáforos sonoros, entradas e saídas de postos de combustíveis, estacionamentos e garagens de uso coletivo, entre outros.

FONTE: Prefeitura da Serra/Projeto Calçada Legal.

Aplicando conhecimentos

1. Realize uma pesquisa e verifique se, nas vias públicas próximas à escola, o direito à acessibilidade de cadeirantes e deficientes visuais é garantido. Discuta com os colegas sobre o que você observou.

2. Registre, por meio da escrita, as considerações da turma.

Unidade 1 | Corpo humano

Registrando as descobertas

1. Após participar da construção coletiva do mapa mental sobre o conteúdo deste Capítulo, copie-o no espaço a seguir. Utilize os recursos disponibilizados no Encarte 5.

Unidade 1 | Corpo humano

Avanços na ciência

Momento de investigação

1. Quem são as pessoas retratadas nas imagens? Qual a provável profissão ou função delas?

2. Em que lugares esses profissionais podem trabalhar?

3. Em sua opinião, no que o trabalho desses profissionais contribui para a vida das demais pessoas?

Unidade 1 | Corpo humano

Aplicando conhecimentos

Muitas das descobertas estudadas nos capítulos anteriores são resultado de pesquisas e de estudos realizados pelos cientistas. Neste Capítulo, estudaremos um pouco sobre esses profissionais que contribuem para a evolução da ciência.

1. Organize-se em grupo. Leia as dicas para conhecer o que três grandes cientistas descobriram. Em seguida, marque com um X a frase correspondente a cada cientista.

   a) Isaac Newton, um cientista inglês, estava sentado à sombra de uma macieira quando uma maçã caiu em sua cabeça. Após isso, começou a refletir e a estudar sobre o motivo de os objetos caírem. Ele concluiu que:

   ( ) isso acontece porque a Terra atrai os frutos para ela.

   ( ) todos os frutos maduros caem de árvores.

   ( ) somente frutos caem na terra.

   Isaac Newton (1643-1727)

   b) Vital Brazil foi um dos maiores nomes da pesquisa médica em nosso país. Preparou os primeiros soros comprovadamente eficazes contra os venenos de serpentes. Ficou conhecido como Dr. Brazil pela sua dedicação à saúde pública.

   ( ) Vital Brazil produziu muitas vacinas.

   ( ) Vital Brazil descobriu o **soro antiofídico**.

   ( ) Vital Brazil é um cientista da área tecnológica.

   Vital Brazil (1865-1950)

   c) O inventor norte-americano Thomas Edison criou um objeto relativamente simples, mas que causou um grande impacto em nossa vida. A invenção desse cientista foi aprimorada e, hoje, é utilizada em casas, escolas, ruas, hospitais, lojas, *shopping centers*, entre outros locais.

   ( ) Ele inventou o encanamento para esgoto.

   ( ) Ele inventou a *internet*.

   ( ) Ele inventou a lâmpada elétrica incandescente.

   Soro antiofídico é uma substância utilizada para combater o veneno de cobras.

   Thomas Edison (1847-1931)

Unidade 1 | Corpo humano

Descobrindo

Os cientistas e suas descobertas

Os cientistas são pessoas motivadas pela curiosidade e que se dedicam a entender como o mundo funciona. Para isso, analisam e interpretam fatos, comparam resultados de pesquisas e concluem algo com base nesses resultados. Eles podem ou não realizar experimentos, pois existem estudos que vêm da análise de questionários, por exemplo, e outros que são realizados por meio de **pesquisas de campo**.

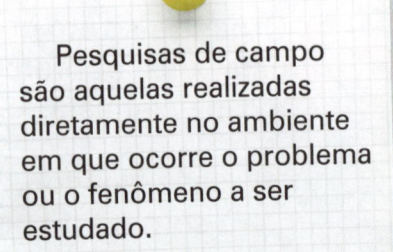

> Pesquisas de campo são aquelas realizadas diretamente no ambiente em que ocorre o problema ou o fenômeno a ser estudado.

O trabalho que os cientistas realizam promove muitas descobertas e avanços que podem contribuir para melhorar a qualidade de vida e a saúde humana. Além disso, as pesquisas auxiliam no cuidado com o ambiente a fim de manter o equilíbrio na natureza.

Coleta de dados sobre a qualidade do ar por um cientista

Coleta de amostra de solo para estudo em uma lavoura

Unidade 1 | Corpo humano

43

Saiba mais

Os cientistas seguem alguns procedimentos quando desejam descobrir algo. Primeiramente, observam a natureza, o fenômeno ou o acontecimento. Na sequência, formulam perguntas e levantam hipóteses. Depois disso, por meio de experimentos ou de outros estudos, chegam a resultados que podem confirmar ou não as hipóteses. Por fim, os cientistas chegam a conclusões.

Grãos de feijão

Pense na seguinte situação: uma pessoa que cultivava feijões encontrou muitos grãos que continham orifícios (pequenos buracos). Ela os levou a um pesquisador de uma universidade, o qual se interessou pelo caso e iniciou a pesquisa.

Primeiramente, o cientista pensou nas seguintes perguntas: Será que algum animal causou esses buracos? Eles podem ter sido provocados pelo vento ou pela chuva?

Depois, formulou algumas hipóteses como "os orifícios devem ser causados por insetos ou outros animais".

Caruncho, inseto que se alimenta no interior de grãos

Então, iniciou a pesquisa de campo, coletando feijões. Abrindo-os, notou que havia insetos em seu interior. O cientista confirmou a hipótese de que os orifícios foram feitos por esses animais. Posteriormente, ele fez outras análises e chegou a conclusões que foram registradas e divulgadas para a comunidade.

Aplicando conhecimentos

1. Realize os experimentos indicados a seguir.

    a) **Experimento 1**

    Em países onde neva, é comum que seja jogado sal no asfalto para que os carros possam se deslocar. Mas que papel o sal desempenha nesse caso?

Unidade 1 | Corpo humano

Hipótese

_____
_____

Testando a hipótese
- Materiais: gelo, palito de fósforo e sal.
- Procedimentos:
  - Coloque um palito sobre o gelo e adicione sal sobre o palito.
  - Aguarde um pouco e levante o palito.

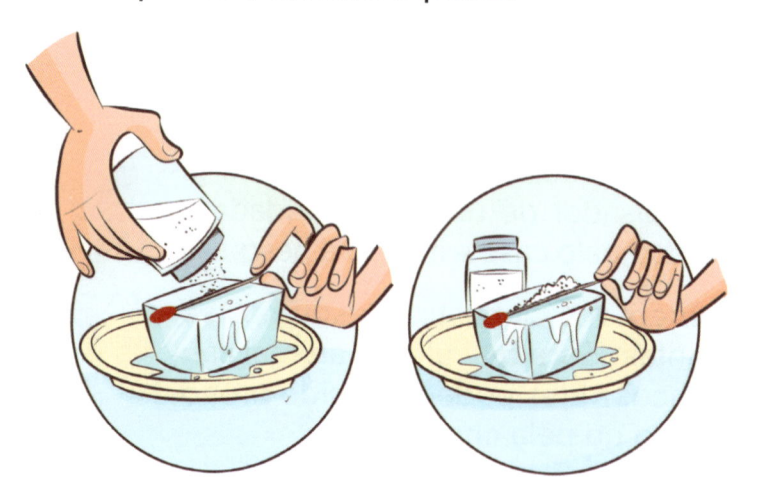

- Registre o que você observou por meio da escrita de frases.

_____
_____
_____

- Por que será que isso aconteceu? Converse com os colegas e com o professor e, depois, registre as considerações da turma.

_____
_____
_____

b) **Experimento 2**

Em algumas situações, é possível visualizar diferentes cores quando a luz atravessa certas superfícies. Mas a luz tem cor?

Hipótese

_____

_____

_____

Testando a hipótese

- Materiais: uma folha de papel em branco, um copo com água e uma lanterna.

- Procedimentos:
    - Coloque o papel em frente ao copo com água.
    - Acenda a lanterna e coloque-a ao lado do copo.
    - Registre, por meio do desenho e da escrita, o que aconteceu.

Unidade 1 | Corpo humano

Momento de investigação

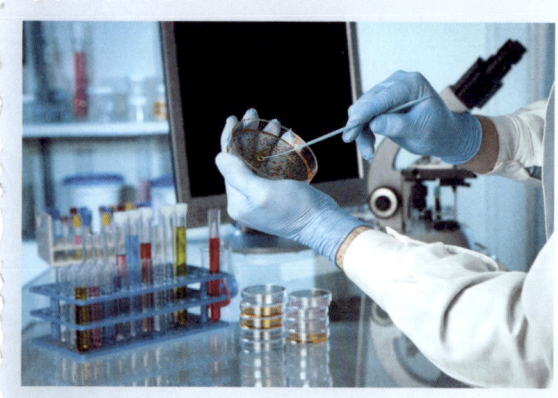

1. Que atividades essas imagens representam? Explique sua resposta.

   _____

   _____

   _____

2. Você reconhece alguns dos instrumentos de trabalho e de investigação que estão sendo utilizados em cada imagem? Quais?

   _____

   _____

   _____

3. Há objetos usados para a proteção das pessoas que pesquisam? Se sim, quais?

   _____

   _____

Unidade 1 | Corpo humano

Descobrindo

Instrumentos para investigação

Você aprendeu que os cientistas são pessoas que realizam estudos em determinada área do conhecimento e que a pesquisa é um recurso utilizado por esses profissionais para confirmar ou não uma hipótese, gerando, dessa forma, um novo conhecimento.

Nas pesquisas científicas, são utilizados muitos instrumentos. A lupa é um dos mais simples e de fácil acesso. Ela gera imagens ampliadas para que detalhes não percebidos a olho nu sejam observados. Outro instrumento que possibilita a visualização de estruturas minúsculas, de maneira ainda mais detalhada que a lupa, é o microscópio. Os tubos de ensaio, pequenos recipientes de vidro, e as placas de Petri também são objetos simples que auxiliam em muitas pesquisas, assim como a régua, a balança e a rede. Nas experiências realizadas, os dados são coletados e os resultados analisados e discutidos de forma sistematizada, levando a uma conclusão, que somente pode ser divulgada após a validação pela comunidade científica.

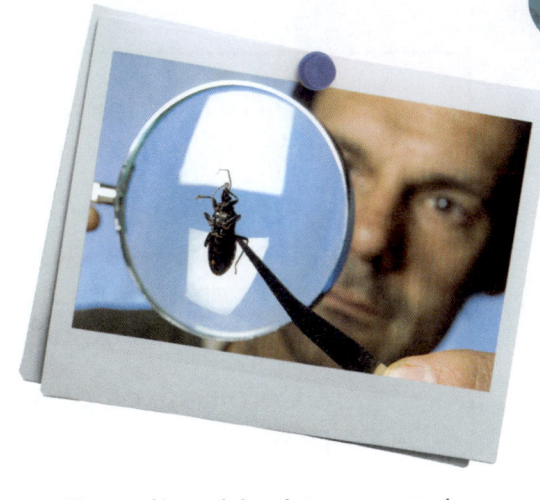

Entomólogo (cientista que estuda os insetos) analisando material com lupa

Pesquisador segurando uma placa de Petri, recipiente utilizado para o cultivo de microrganismos, e coletando os dados obtidos

Saiba mais

A química da amizade

Que ter amigos é bom, todo mundo sabe! Mas será que isso mexe com a química de nosso corpo?

[...] alguns cientistas do Canadá estão tentando desvendar a química por trás do ombro amigo nas horas difíceis. Um estudo recém-divulgado aponta que a presença de um melhor amigo suaviza o efeito que as experiências negativas têm sobre nós.

Unidade 1 | Corpo humano

Os resultados foram obtidos a partir da análise de amostras de saliva e também de questionários preenchidos por crianças.

Funcionava assim: as crianças participavam do estudo durante quatro dias escolares seguidos. Várias vezes por dia, eram recolhidas amostras de saliva e cada um dos participantes preenchia um questionário sobre os acontecimentos do dia e como estavam se sentindo no momento.

Com isso, os pesquisadores pretendiam avaliar a autoestima dos participantes e também a presença, na saliva, de uma substância chamada cortisol – um hormônio liberado pelo nosso corpo quando passamos por uma situação de estresse.

Eles observaram que, quando as crianças tinham uma experiência negativa, como serem provocadas por colegas, a produção de cortisol aumentava. Porém, se o melhor amigo ou amiga estivesse por perto, ela não era tão grande.

[...]

A química por trás disso tudo pode parecer complicada, mas um amigo de verdade é muito simples de entender: está aí para todas as horas!

Catarina Chagas/CH *on-line*.

Aplicando conhecimentos

Você já descobriu que a lupa é uma lente com a capacidade de ampliar uma imagem. Por meio dela, observamos com mais detalhes pequenos objetos, por exemplo. Esse instrumento também é conhecido como microscópio simples.

1. Você já viu uma lupa? Compartilhe com os colegas o que você sabe sobre ela.

2. Escolha, com os colegas e com o professor, um elemento do jardim da escola para observar.

Unidade 1 | Corpo humano

49

a) Desenhe o que você observou a olho nu.

b) Agora, com a lupa, analise o mesmo elemento do jardim e registre, por meio da escrita, um novo detalhe que você notou.

___
___
___
___
___
___
___

3. Utilize a lupa para observar sua impressão digital, carimbada na página 31 do livro. Depois, observe as digitais dos seus colegas com o auxílio da lupa. Discutam e comparem as descobertas que vocês fizeram.

Unidade 1 | Corpo humano

50

Momento de investigação

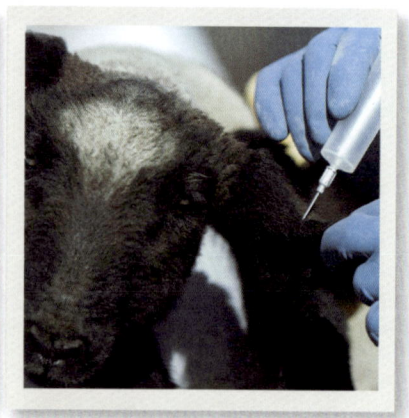

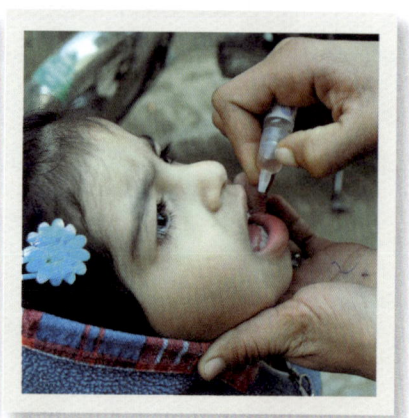

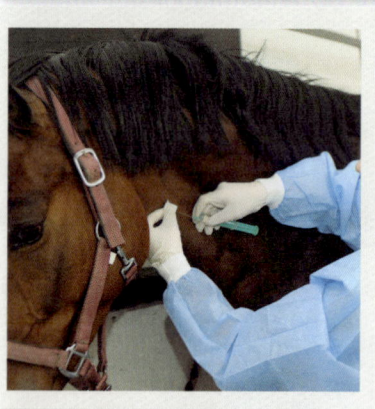

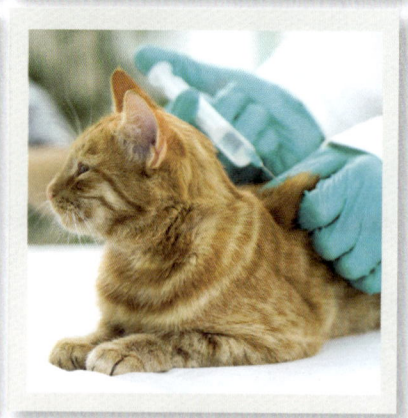

1. Entre essas imagens há um atributo comum. Qual é ele? Registre sua resposta por meio da escrita de uma frase.

_____

_____

2. Destaque as letras do Encarte 6 e utilize-as para formar uma palavra relacionada à resposta da questão anterior.

Unidade 1 | Corpo humano

3. Qual a função das vacinas?

_____
_____
_____

4. A invenção das vacinas foi importante? Por quê?

_____
_____
_____

Comunidade de aprendizes

1. Compartilhe com a turma o que você sabe sobre as vacinas.
2. Registre, por meio da escrita, a conclusão do grupo sobre esse tema.

_____
_____
_____
_____
_____
_____

Descobrindo

A invenção da vacina

A vacina é um tipo de substância introduzida no corpo de uma pessoa ou de um animal com o

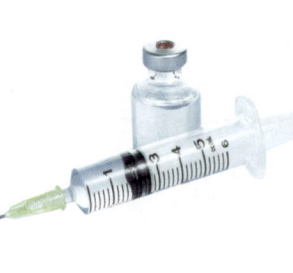

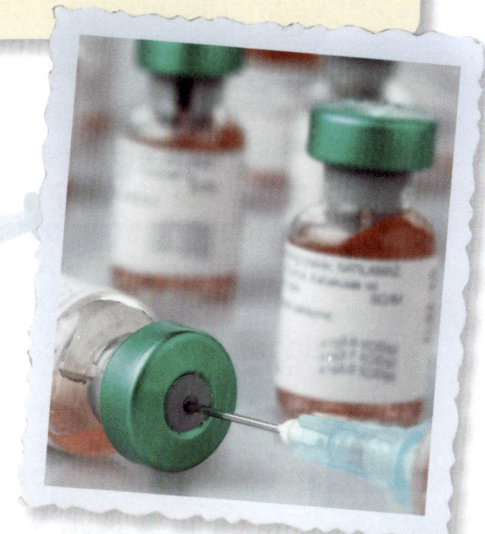

Unidade 1 | Corpo humano

objetivo de estimular as defesas do organismo, ou seja, a produção de **anticorpos** na luta contra **microrganismos** causadores de doenças. Dizemos, nesse caso, que o ser vivo vacinado passa a ter imunidade com relação à doença, o que significa estar protegido contra ela. Porém, quando uma doença já está instalada no corpo, não há mais tempo de se produzirem anticorpos, sendo necessário, então, ministrar medicamentos.

A invenção das vacinas contribuiu com a saúde e a qualidade de vida dos seres humanos, incluindo a segurança alimentar, pelo fato de serem aplicadas em animais consumidos em nossa alimentação. Também contribuem para a manutenção da saúde de animais domésticos.

A vacina protege as pessoas que a recebem e também colabora com a sociedade como um todo. Dessa forma, quanto mais indivíduos ficarem protegidos, menores serão as chances de qualquer um deles ficar doente.

Algumas doenças que são evitadas por meio da vacina podem ser **erradicadas** no mundo, tal como a varíola, nos dias atuais. Além dessa, outra doença que provavelmente será exterminada é a poliomielite, conhecida como paralisia infantil. Em muitos países já não há casos dessa doença desde 1991, porém, ainda existem registros de paralisia infantil em outros lugares do mundo uma vez que o vírus da doença pode ser trazido por pessoas contaminadas de um local para o outro, por meio de viagens a passeio ou a negócios.

Por esse motivo, é fundamental seguir o calendário de vacinação para que todas as crianças sejam vacinadas contra a doença.

Para que esse processo seja eficaz, indica-se que as pessoas procurem lugares especializados para serem vacinadas, nas idades recomendadas, seguindo assim a chamada vacinação de rotina. Também existem as campanhas anuais de vacinação – por exemplo, contra a poliomielite e contra a gripe.

> Anticorpos são substâncias produzidas pelo organismo, relacionadas à proteção contra vírus e bactérias.

> Microrganismos são pequenos seres, tais como as bactérias e os vírus, observados apenas por meio de microscópios.

> Erradicar significa eliminar por completo.

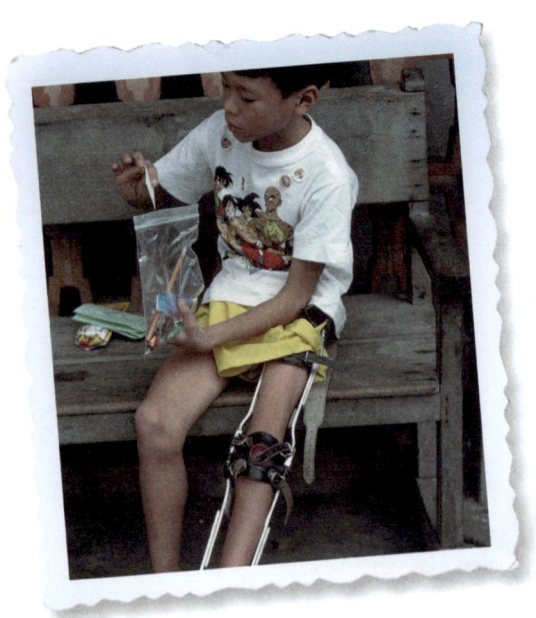

Criança com sequela causada pela poliomielite

A seguir, estão indicadas algumas das vacinas para crianças:

- Vacina contra tuberculose (BCG).
- Vacina oral contra poliomielite ou paralisia infantil (VOP).

Unidade 1 | Corpo humano

- Vacina contra difteria, tétano, coqueluche, meningite e hepatite B (pentavalente).

- Vacina contra sarampo, rubéola e caxumba (tríplice viral – SRC).

- Vacina contra febre amarela, para quem vive ou vai viajar para regiões com risco de se contaminar com o vírus da febre amarela (17DD).

FONTE: Ministério da Saúde.

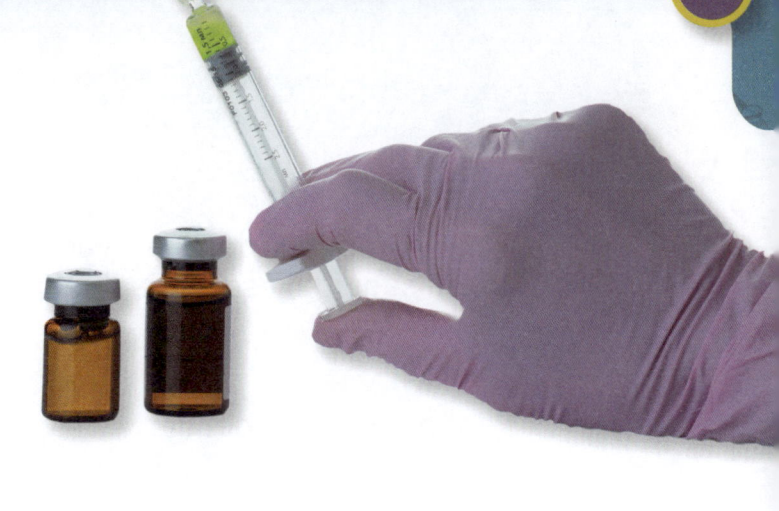

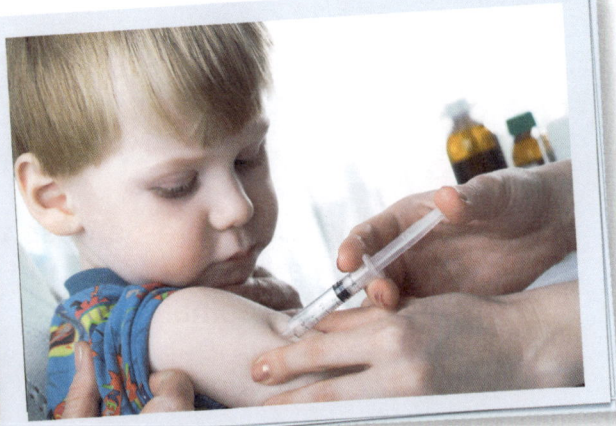

Saiba mais

A primeira vacina semelhante às utilizadas atualmente foi a da varíola, desenvolvida pelo médico Edward Jenner, em 1796, na Inglaterra.

O nome "vacina" vem do **latim** *vacca*, pois seu inventor utilizou o pus de vacas com varíola para produzi-la, em razão de esses animais apresentarem uma forma mais fraca da doença.

Latim era uma língua falada pelos antigos romanos. Dela se originaram outras línguas.

Edward Jenner aplicando a vacina de varíola

Unidade 1 | Corpo humano

54

Aplicando conhecimentos

1. Registre os nomes de duas vacinas indicadas para crianças de até sete anos. Em seguida, escreva a qual(is) doença(s) estão relacionadas.

   a) Vacina: _____

   Para prevenir a doença: _____

   b) Vacina: _____

   Para prevenir a doença: _____

2. Represente, por meio de desenho, uma invenção que você considera importante pela contribuição que trouxe para a humanidade. Lembre-se de justificar sua escolha.

   a) Nome da invenção: _____

   b) Justificativa: _____
   _____
   _____
   _____
   _____
   _____

Unidade 1 | Corpo humano

Saiba mais

Algumas invenções que revolucionaram o mundo

Exames de raio X

Esse tipo de exame possibilitou a descoberta de doenças e também a verificação de fraturas em ossos.

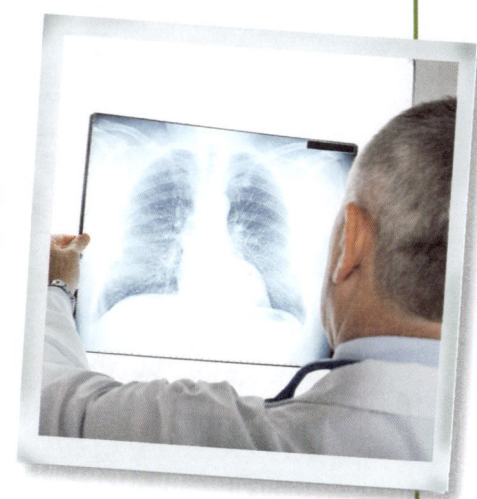

Cartão magnético

Essa invenção, que contém códigos com informações sobre pessoas e contas bancárias, permite que produtos ou serviços sejam pagos sem a utilização direta de dinheiro.

Internet

A tecnologia que deu origem à *internet* surgiu antes de 1980 e ganhou espaço após a criação da www (*world wide web* – rede mundial de informações), em 1991. Por meio da *internet*, é possível o contato imediato com pessoas do mundo inteiro e a troca de informações em todas as áreas do conhecimento.

Avião

Por meio dele, transportam-se pessoas e objetos de maneira segura e rápida. Assim, trajetos que antes eram realizados em semanas ou dias agora são feitos em algumas horas ou minutos.

Unidade 1 | Corpo humano

Aplicando conhecimentos

1. Você já sabe que o avião foi uma grande invenção. A proposta, agora, é representá-lo.

Avião magnético

Construa uma aeronave com a ajuda de um ímã

[...]

Você vai precisar de:

- pedaço de linha de costura com 50 centímetros de comprimento;
- um quadrado de cartolina com 10 centímetros de lado;
- um ímã forte;
- dois clipes metálicos de papel;
- fita adesiva.

a) Na cartolina, recorte um aviãozinho como o do desenho.

b) Coloque um clipe na parte da frente do avião e outro em uma das asas.

c) Na outra asa, cole uma das extremidades da linha com a fita adesiva.

d) Prenda a outra extremidade da linha sobre uma mesa.

e) Estique o fio.

f) Aproxime o ímã da asa do avião e faça sua aeronave possante levantar voo!

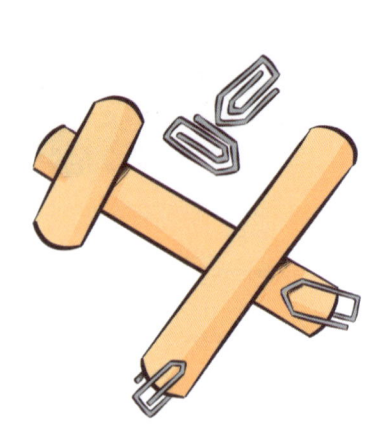

[...]

Redação/CH *on-line*.

Unidade 1 | Corpo humano

Registrando as descobertas

1. Após participar da construção coletiva do mapa mental sobre o conteúdo deste Capítulo, copie-o no espaço a seguir. Utilize os recursos disponibilizados no Encarte 7.

Unidade 2
ALIMENTAÇÃO

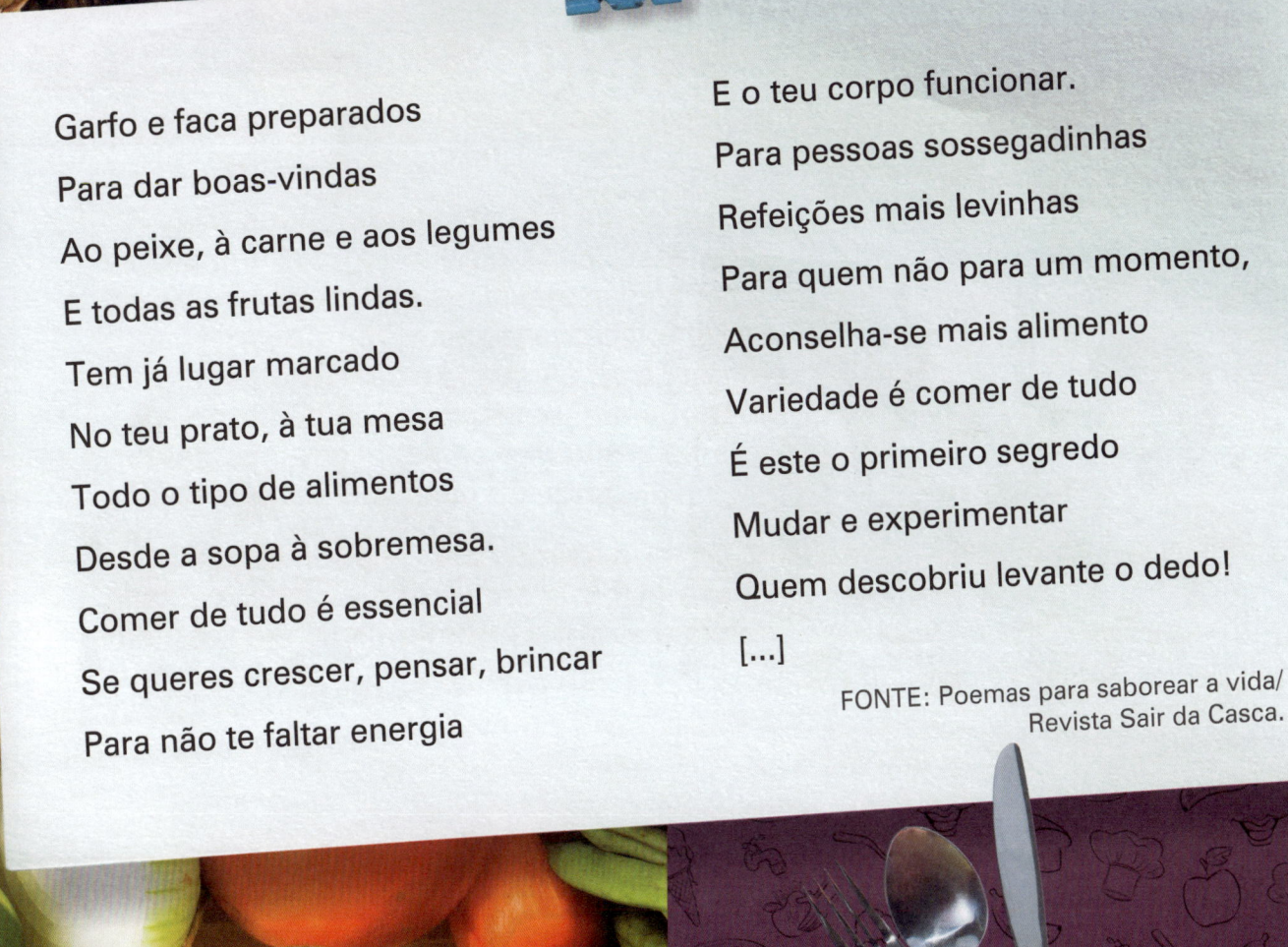

Garfo e faca preparados
Para dar boas-vindas
Ao peixe, à carne e aos legumes
E todas as frutas lindas.
Tem já lugar marcado
No teu prato, à tua mesa
Todo o tipo de alimentos
Desde a sopa à sobremesa.
Comer de tudo é essencial
Se queres crescer, pensar, brincar
Para não te faltar energia
E o teu corpo funcionar.
Para pessoas sossegadinhas
Refeições mais levinhas
Para quem não para um momento,
Aconselha-se mais alimento
Variedade é comer de tudo
É este o primeiro segredo
Mudar e experimentar
Quem descobriu levante o dedo!
[...]

FONTE: Poemas para saborear a vida/ Revista Sair da Casca.

Momento de investigação

1. Por que é importante ingerirmos peixe, outros tipos de carne, legumes e frutas?

2. É correto afirmar que as pessoas precisam ingerir quantidades diferentes de alimentos nas refeições de acordo com suas necessidades? Explique como você pensou para responder a essa pergunta.

Unidade 2 | Alimentação

Alimentação e saúde

Momento de investigação

1. O que as imagens representam?

2. Os cardápios visualizados são saudáveis? Comente sua resposta.

3. A refeição retratada é importante? Por quê?

4. O que você costuma comer nessa refeição? Registre por meio da escrita.

_____

_____

_____

5. Pense em sua alimentação. Você a considera saudável? Explique.

Unidade 2 | Alimentação

Comunidade de aprendizes

1. Compartilhe com um colega as ideias do "Momento de investigação". Verifique em que as opiniões de vocês são semelhantes ou diferentes.

2. Comentem o que vocês entendem por alimentação saudável e discutam sobre as refeições realizadas durante o dia. Há alguma delas que seja mais importante? Por quê?

3. Registre as ideias e opiniões discutidas.

Minha opinião	Opinião do meu colega

Descobrindo

Os alimentos e suas contribuições

Enquanto dormimos, o organismo continua em atividade, embora de forma mais lenta. Nesse período, funções básicas, como a respiração, os batimentos cardíacos e a circulação do sangue, permanecem ativas. E, para realizar tudo isso, o corpo precisa de diversas substâncias que fornecem, entre outras coisas, energia.

Ao acordar, é importante e necessário abastecer o corpo para que seja possível realizar as atividades do cotidiano. Assim, o café da manhã é essencial, pois repõe diferentes substâncias consumidas durante o sono e providencia reservas para a nova jornada.

Os alimentos que fazem parte dessa refeição devem:

- fornecer energia por meio dos carboidratos presentes no pão e nas frutas. O carboidrato principal é a **glicose**;

> Glicose é o açúcar obtido por meio da ingestão de alimentos doces, vegetais ou que apresentam farinha de trigo em sua composição, por exemplo.

- suprir a necessidade de substâncias que auxiliam no crescimento, como as proteínas encontradas no leite e seus derivados (queijo e iogurte).

- prover fibras, que estão contidas nas frutas e nos alimentos integrais. Elas contribuem para melhorar o funcionamento do intestino;

- conter gorduras, que são fontes de energia, fazem parte da composição do organismo e auxiliam na manutenção da temperatura corporal. Estão presentes no leite e derivados, no presunto e na manteiga, por exemplo;

- possuir vitaminas, sais minerais e água, substâncias essenciais para uma série de funções vitais. Encontram-se nas frutas, principalmente.

Essa combinação é apropriada para manter a saúde e o funcionamento do organismo, pois garante os nutrientes básicos. Além disso, auxilia na manutenção do bom humor pela manhã e melhora a atenção e a concentração, favorecendo, assim, os estudos. Por outro lado, não realizar essa refeição pode causar fraqueza, mal-estar e irritabilidade, sensações que estão associadas à falta de energia.

Saiba mais

Café da manhã

Muitos pesquisadores concordam que a ingestão de um café da manhã balanceado, além de fornecer energia, traz outros benefícios, como:

- melhora do desempenho acadêmico, aumentando a atenção, a concentração e a memória relacionadas às atividades escolares;

- diminuição do risco de algumas doenças, como a obesidade, uma vez que, ao tomar um café da manhã adequado, o apetite nas demais refeições é reduzido;

Unidade 2 | Alimentação

- auxílio no controle do peso, por meio da ingestão de vitaminas, minerais e fibras e menor ingestão de gorduras.

Aplicando conhecimentos

1. Você ingere um café da manhã apropriado? Explique sua resposta.

   _____
   _____
   _____
   _____

2. Qual a contribuição, para a saúde, da ingestão de um café da manhã adequado?

   _____
   _____
   _____
   _____

Unidade 2 | Alimentação

3. Complete o desenho da criança sentada à mesa com base em suas características físicas. Selecione algumas imagens de alimentos do Encarte 8 para compor um café da manhã saudável na ilustração.

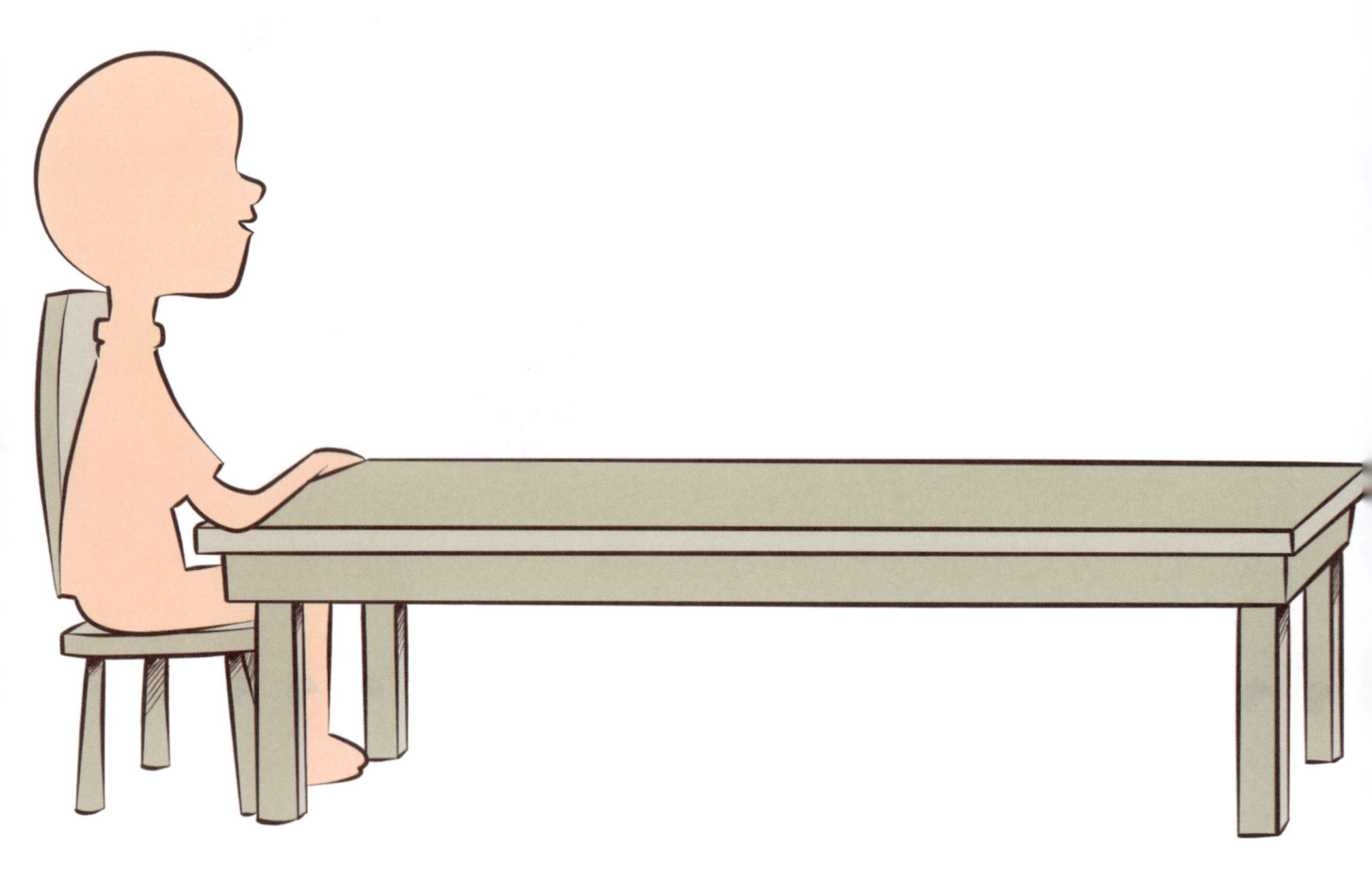

4. Compare a representação do seu café da manhã com a de um amigo. Depois, registre, por meio da escrita, uma diferença e uma semelhança observada.

Diferença:

Semelhança:

Unidade 2 | Alimentação

65

Momento de investigação

Analise as imagens que mostram diferentes refeições realizadas ao longo de um dia.

1. Quantas e quais refeições provavelmente estão sendo representadas nas imagens?

_____
_____

2. Quantas refeições você costuma realizar diariamente? Quais são elas?

_____
_____
_____

Unidade 2 | Alimentação

Comunidade de aprendizes

1. Forme dupla com um colega e compartilhem as ideias do "Momento de investigação".

2. Na opinião da dupla, é importante realizar todas as refeições apresentadas nas imagens? Explique o raciocínio de vocês por meio da escrita.

_____
_____
_____
_____
_____

Descobrindo

As refeições diárias

A alimentação saudável é constituída por alimentos que fornecem substâncias vitais, na quantidade certa, a fim de que o organismo funcione adequadamente. Esses alimentos devem ser distribuídos em, pelo menos, três refeições principais – café da manhã, almoço e jantar – e dois lanches. É importante também que o horário das refeições seja respeitado e que os cuidados com a higiene no preparo e na manipulação dos alimentos sejam observados, reduzindo os riscos de doenças transmitidas por meio dos alimentos e da água.

É necessário escolhermos locais apropriados e tranquilos para fazer nossas refeições, além de ingerirmos e mastigarmos aos poucos os alimentos. Desse modo, a **digestão** será mais fácil e a sensação de saciedade (satisfação) será maior. Esse último aspecto é importante, a fim de comermos apenas o necessário.

> Digestão é o processo em que os alimentos são transformados em partes menores a fim de que seus nutrientes sejam absorvidos.

O café da manhã é especialmente importante, como já comentado. Os lanches intermediários, o da manhã e o da tarde, por exemplo, contribuem para diminuir a fome. Dessa forma, não há exageros no almoço ou no jantar. Um almoço ideal é uma refeição em que ocorre o consumo de alimentos variados, pois, com uma dieta equilibrada, adquirimos substâncias que nos fortalecem e que permitem a continuação das atividades diárias.

A última refeição principal – o jantar – supre a necessidade em relação ao que foi consumido ao longo do dia, mas é preciso evitar abusos, escolhendo alimentos leves e de fácil digestão. Sopas são uma boa sugestão, desde que preparadas com pouca gordura e pouco sal. É preciso lembrar também que carnes, por exemplo, podem afetar a qualidade do sono, caso sejam consumidas em excesso no período noturno.

Procure começar as refeições, como o almoço e o jantar, pelas saladas e evite muito óleo/azeite ou sal. O ideal é utilizar temperos como suco de limão e azeite de oliva. No lanche da noite, pode-se tomar um chá com torradas, um copo de leite ou um iogurte.

Saiba mais

O que é metabolismo?

São as transformações que ocorrem no interior dos organismos.

É por meio do metabolismo que obtemos energia para nos mantermos, crescermos, desenvolvermos e recuperarmos o corpo, por exemplo, quando machucamos a pele, que é, então, regenerada.

O metabolismo será lento se um indivíduo ficar costumeiramente mui-

Unidade 2 | Alimentação

tas horas sem se alimentar. Por outro lado, se fizer as refeições de três em três horas, como recomendado pelos nutricionistas, o metabolismo será mais rápido. Pessoas com metabolismo lento tendem à **obesidade**, um dos problemas de saúde mais comuns atualmente.

> Obesidade é uma doença caracterizada pelo acúmulo excessivo de gordura corporal e que pode ocasionar dificuldades respiratórias e de locomoção, por exemplo.

Aplicando conhecimentos

Em nosso país, há aproximadamente 300 anos, algumas famílias possuíam hábitos alimentares bem diferentes dos que conhecemos hoje. O café da manhã, por exemplo, não existia. O almoço era servido no início da manhã, por volta das 7 ou 8 horas. Às 14 horas, era servido o jantar e, no fim do dia, havia uma ceia.

1. Atualmente, quantas refeições são indicadas por dia?

   _____
   _____

2. Por que é importante alimentar-se de forma fracionada, ou seja, várias vezes ao dia?

   _____
   _____
   _____

3. Com os alimentos e o cardápio disponíveis no Encarte 9, indique opções saudáveis que podem ser ingeridas em cada uma das refeições. Monte seu cardápio e, depois de pronto, exponha-o na sala de aula.

4. Registre como você pensou para montar o cardápio.

   _____
   _____
   _____
   _____

Unidade 2 | Alimentação

Momento de investigação

Observe as imagens que representam vários tipos de alimentos e assinale, com um X, os que você prefere.

1. É correto afirmar que devemos comer somente o que gostamos? Explique sua resposta.

   _____
   _____
   _____

2. O que são substâncias vitais para o organismo?

   _____
   _____
   _____

3. O que os alimentos representados nas imagens fornecem? Registre sua hipótese.

   _____
   _____
   _____

Unidade 2 | Alimentação

Comunidade de aprendizes

1. Após a discussão sobre as substâncias vitais presentes nos alimentos, registre o conceito que foi construído de modo coletivo.

   _____
   _____
   _____
   _____

2. Pesquise o significado de "nutrientes".

   _____
   _____
   _____
   _____

3. Qual a importância dos nutrientes para o corpo?

Minha opinião	Opinião do meu colega

Descobrindo

Os nutrientes dos alimentos

A alimentação equilibrada, para uma boa saúde e bem-estar, ocorre quando ingerimos alimentos que contêm os diferentes tipos de nutrientes essenciais ao longo do dia, na quantidade necessária. Nutrientes são as substâncias vitais que permitem o crescimento, a proteção contra doenças e a obtenção de energia.

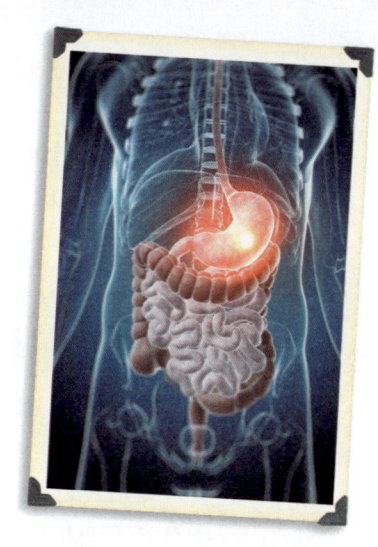

O corpo retira os nutrientes dos alimentos por meio da digestão, que se inicia na boca e continua no estômago e nos intestinos – órgãos do sistema digestório.

Em destaque na primeira imagem está o estômago, para onde vão os alimentos após a mastigação e a deglutição (ato de engolir). Depois de sua passagem pelo estômago, tornam-se uma pasta repleta de nutrientes, a qual segue para os intestinos. Nesses órgãos, ocorre a absorção dos nutrientes pelo sangue, que os leva para todas as partes do organismo.

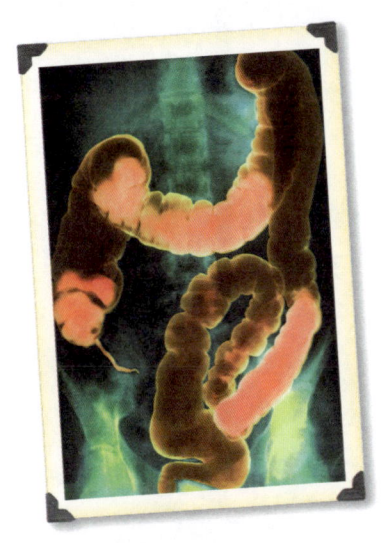

Alguns órgãos do sistema digestório. Em destaque, o estômago

Os alimentos possuem nutrientes distintos e em quantidades diferentes, razão pela qual a alimentação deve ser variada. Os nutrientes principais são: os carboidratos, os lipídios, as proteínas, as vitaminas, os sais minerais e a água.

Os carboidratos, ou açúcares, estão contidos na mandioca, no arroz, na batata e no milho. Também estão presentes nas frutas, em doces como chocolates, sorvetes e balas e em alimentos preparados com farinha de trigo, como os pães e o macarrão.

Os lipídios, ou gorduras, estão contidos em carnes, no óleo de soja, no azeite de oliva, no leite integral, em queijos, na manteiga e em chocolates. Algumas frutas, como o abacate, contêm esse tipo de nutriente em quantidades significativas.

Intestino grosso. Em seu interior, ocorre a formação das fezes, que aparecem em coloração mais escura na imagem

As proteínas estão presentes nas carnes, nos ovos, no leite e em produtos derivados dele, como os queijos e os iogurtes. Também podem ser encontradas em quantidades mais expressivas em vegetais do grupo das leguminosas, como a ervilha, o feijão e a lentilha.

O corpo também precisa de vitaminas e de sais minerais. Como bons exemplos de alimentos que os contêm, é possível citar as verduras e as frutas. A vitamina C, por exemplo, protege contra algumas doenças, mantém as gengivas saudáveis e ajuda na absorção do ferro, que, se faltar em nosso organismo, pode causar cansaço e falta de ar. Esse elemento é encontrado nas carnes vermelhas, em legumes de folhas escuras e em alguns frutos secos, entre outros alimentos. A vitamina D coopera com o cálcio e o fósforo para fortalecer ossos e dentes. Outras vitaminas também importantes são a A, E, K e as do complexo B.

Unidade 2 | Alimentação

Agora, conheça algumas contribuições dos nutrientes. Desenhe ou cole exemplos de alimentos em que se pode encontrá-los.

Carboidratos ou açúcares – Esses nutrientes fornecem energia, que auxilia no desempenho das atividades diárias. Podem ser encontrados em alimentos como:

Proteínas – São essenciais para construir e manter os músculos, os cabelos, as unhas e outras partes do corpo. Também são necessárias na produção dos anticorpos. São encontradas em:

Lipídios ou gorduras – Fornecem energia, participam da formação de uma das camadas da pele, auxiliam na manutenção da temperatura e, ainda, contribuem para a absorção de algumas vitaminas. Os lipídios participam da formação de todas as partes de nosso organismo e podem ser encontrados em:

Vitaminas – Ajudam no funcionamento adequado de todos os sistemas, como o digestório, o locomotor (ossos, músculos e articulações) e o nervoso (cérebro e nervos). Podem ser encontradas em:

Unidade 2 | Alimentação

74

Sais minerais – Fazem parte de diferentes substâncias no organismo e constituem estruturas do corpo, como os ossos – é o caso do cálcio e do fósforo. Estão presentes em:

Aplicando conhecimentos

1. Leia novamente as informações das páginas 72, 73 e 74 e pinte as contribuições que os nutrientes, indicados na legenda, fornecem ao nosso organismo.

■ Carboidratos   ■ Proteínas

■ Vitaminas   ■ Sais minerais   ■ Lipídios

Unidade 2 | Alimentação

Saiba mais

Água: nutriente essencial

Um adulto apresenta, em sua constituição, entre 70% e 75% de água. Essa substância está envolvida em diversas funções do organismo, como: manutenção da temperatura; transformação e absorção de diferentes tipos de substâncias; digestão; transporte de nutrientes dissolvidos no sangue; e eliminação de **toxinas** por meio da urina.

A água pode ser consumida pura ou em chás e sucos. Está presente em diversos alimentos, principalmente nas frutas suculentas.

Representação do percentual de água existente no corpo de um adulto.
Observação: varia de acordo com a idade

Toxinas são substâncias prejudiciais à saúde.

Você sabe o que é nutrição?

É a ciência que contribui para a relação das pessoas com o alimento, de modo a preservar a saúde humana. O profissional responsável por essa atividade é o nutricionista, que planeja e define os cardápios das refeições, sugerindo alimentos saudáveis que supram as nossas necessidades nutricionais.

Unidade 2 | Alimentação

76

Aplicando conhecimentos

1. Observe as imagens abaixo, que representam diferentes alimentos.

a) Que opção um nutricionista indicaria para um almoço saudável? Circule a imagem e, depois, explique sua resposta.

_____
_____
_____

2. Agora, pesquise e registre os nutrientes que podem ser encontrados na refeição que você circulou.

_____
_____
_____
_____

Unidade 2 | Alimentação

3. Escolha um dos nutrientes presentes na refeição que você circulou e escreva uma contribuição dele para o bom funcionamento do corpo.

_____
_____
_____
_____

4. Leia as frases a seguir e marque, com um X, a correta.

   Alimentação equilibrada é...

   (   ) ingerir alimentos que contenham grande quantidade de proteínas.

   (   ) comer de modo exagerado o que gostamos.

   (   ) garantir alimentos coloridos no prato devido à variedade de nutrientes que eles fornecem.

   (   ) proporcionar um único tipo de nutriente para o corpo.

5. Pesquise com a sua turma e o professor o que é desnutrição e registre, no caderno, o conceito que foi organizado coletivamente.

Momento de investigação

1. Quais dos alimentos visualizados podem ser considerados saudáveis? Indique-os, assinalando um X ao lado da imagem.

2. Quais alimentos possuem uma quantidade excessiva de açúcar e/ou de gordura? Registre sua resposta, circulando-os.

Unidade 2 | Alimentação

3. Em que quantidade esse tipo de alimento deve ser consumido? Por quê?

___

Comunidade de aprendizes

1. Compartilhe com os colegas seu registro sobre o consumo de alimentos ricos em gordura e açúcar e discutam a respeito desse tema.

2. Registre as conclusões do grupo.

___

3. Que outros tipos de alimentos devem ser consumidos de forma moderada? Registre as conclusões do grupo.

___

Descobrindo

Sal, açúcar e gordura nos alimentos

Sabemos que a alimentação e a saúde estão relacionadas. Isso pode ser notado facilmente, pois, quando uma pessoa não se alimenta bem, pode não ter disposição ou ficar doente. Os cientistas concluíram que quem ingere os alimentos necessários e na quantidade certa é mais saudável e evita doenças.

Precisamos ficar atentos ao que consumimos, já que alguns ingredientes presentes no cardápio podem passar despercebidos, como o sal, a gordura e o açúcar em excesso. Alguns hábitos, como colocar umas pitadas de sal a mais na comida ou duas colheres de açúcar no suco, com o tempo, podem prejudicar a saúde. Por isso, devemos consumir essas substâncias em pequenas quantidades.

Leia algumas informações sobre a gordura, o açúcar e o sal.

- Gordura – Existem diferentes tipos de gorduras, as quais são importantes para fornecer energia, proteger contra o frio e auxiliar na absorção de algumas vitaminas. Seu excesso, porém, é prejudicial, pois a gordura pode se acumular nos vasos sanguíneos. Por isso, procure evitar alimentos com grande quantidade desse nutriente, como batata frita, hambúrguer, pastel, biscoitos e molhos.

- Açúcar – Também é fonte de energia e é encontrado nas frutas, no leite e, de forma abundante, nos produtos industrializados, como biscoitos, chocolates, balas e refrigerantes. O açúcar branco é pobre em nutrientes e seu consumo excessivo pode levar à obesidade e a doenças como **diabetes**.

Diabetes é um problema de saúde relacionado ao aumento de glicose no sangue.

- Sal – É geralmente utilizado em quantidade maior que a recomendada, principalmente em alimentos industrializados, como salames, salsichas, enlatados, molhos e temperos. Um dos componentes do sal é o sódio, indicado nos rótulos dos alimentos. Isso significa que sal e sódio não são sinônimos. Seu consumo é importante, mas sem exagero.

Para representar a proporção de diferentes alimentos que uma pessoa deve consumir, cientistas criaram imagens como esta:

Proporção dos diferentes alimentos que devemos ingerir ao longo do dia

Unidade 2 | Alimentação

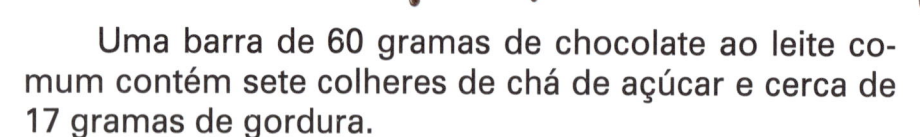

Saiba mais

Uma barra de 60 gramas de chocolate ao leite comum contém sete colheres de chá de açúcar e cerca de 17 gramas de gordura.

Uma lata de 350 mL de refrigerante pode conter entre seis e sete colheres e meia de chá de açúcar.

Por isso, evite consumir em excesso esses alimentos e leia os rótulos das embalagens, a fim de escolher alimentos mais nutritivos. Dê preferência a sucos naturais, frutas, legumes e verduras e beba muita água. Dessa forma, seu organismo ficará fortalecido e protegido de doenças.

Aplicando conhecimentos

Mudanças na alimentação ao longo do tempo

Com a evolução da sociedade e dos processos de fabricação e conservação de alimentos, muitos tipos de comidas foram criadas e, para garantir maior aceitação da população, foram introduzidos novos ingredientes, que conferem aos alimentos maciez, leveza, crocância e cremosidade, por exemplo. Com isso, surgiram produtos cada vez mais atraentes e saborosos. Além disso, também foram adicionados conservantes, corantes, aromatizantes, entre outros componentes. No entanto, a maior parte desses produtos recentes reduziu a qualidade nutricional dos alimentos, o que pode ocasionar problemas à saúde humana.

FONTE: Ministério da Saúde/Agência Nacional de Vigilância Sanitária – ANVISA.

1. Converse com seu professor e com os colegas sobre as informações do texto.

2. Pinte, no texto da página 79, as palavras que indicam alimentos que devem ser consumidos em menor quantidade, pois em excesso podem prejudicar a saúde.

Unidade 2 | Alimentação

3. Registre, por meio da escrita, as consequências de uma alimentação inadequada.

_____
_____
_____
_____

4. Leia a seguir duas dicas referentes à alimentação saudável. Após isso, realize uma pesquisa sobre o tema e escreva outras dicas.

- Dê preferência a alimentos frescos e naturais.
- Consuma frutas diariamente.

_____
_____
_____
_____

5. É correto afirmar que todas as pessoas têm uma alimentação saudável e acesso à água potável? Explique sua resposta.

_____
_____
_____
_____

Unidade 2 | Alimentação

Registrando as descobertas

1. Após participar da construção coletiva do mapa mental sobre o conteúdo deste Capítulo, copie-o no espaço a seguir. Utilize os recursos do Encarte 10 para ilustrá-lo.

Unidade 2 | Alimentação

Alimentação e cuidados

Momento de investigação

1. Quais são as atitudes representadas nas imagens?

2. Você considera essas atitudes importantes? Explique sua resposta.

   _____
   _____
   _____

3. Você conhece produtos que podem ser utilizados na higienização dos alimentos? Se sim, quais?

   _____
   _____
   _____

4. No caso de frutas que são consumidas sem a casca, é necessário lavá-las? Por quê?

   _____
   _____
   _____

Unidade 2 | Alimentação

Comunidade de aprendizes

1. Você tem o hábito de lavar as frutas antes de comer? Compartilhe essa informação com um colega.

2. Qual é a contribuição das atitudes relacionadas à higiene dos alimentos? Discuta com o colega e registre as opiniões de vocês nos espaços indicados.

Minha opinião	Opinião do meu colega
_____	_____
_____	_____
_____	_____
_____	_____
_____	_____
_____	_____

Descobrindo

Higiene dos alimentos

Durante o cultivo, os diferentes produtos que consumimos estão em contato com chuva, poeira, terra, fezes e vários seres vivos, como aves e insetos. Existem alimentos que crescem, inclusive, embaixo da terra. No ambiente agrícola, também há microrganismos.

No decorrer da colheita e do transporte, frutas, verduras e legumes estão sujeitos a serem manuseados por pessoas e a passarem por máquinas. É por isso que o cuidado com a higiene desses alimentos é uma atitude muito importante, pois podem estar presentes neles agentes causadores de doenças

Colheita manual de diferentes vegetais. Observe a terra, envolvendo-os

(bactérias, vírus e ovos de **vermes**). Além disso, geralmente apresentam agrotóxicos em sua superfície.

Nas feiras e nos supermercados, as frutas, as verduras e os legumes ainda ficam expostos a gotículas de saliva e a insetos e são manuseados pelas pessoas, que em muitas situações tocam no produto e, ao mesmo tempo, em dinheiro. Por isso, os alimentos devem ser bem lavados em água corrente, para que, assim, possíveis **seres patogênicos** sejam retirados.

Vermes são seres parasitas que vivem no interior do organismo do ser humano, de outros animais e até de plantas.

Seres patogênicos são aqueles que provocam doenças.

Colheita de maçãs e de uvas feita de forma manual

Colheita da cana-de-açúcar, realizada por máquinas

No supermercado, os alimentos são manuseados pelas pessoas

Agora, reflita: Apenas lavar as frutas e as verduras nos previne de contaminação por microrganismos? Existem outras formas de prevenção?

Observe a imagem:

Quais são as atitudes de higiene presentes nela?

Há outros cuidados que previnem a contaminação por microrganismos no momento em que os alimentos estão sendo preparados, como:

- manter o cabelo preso;
- usar sempre vestimenta e touca limpas;
- manter as unhas curtas e limpas;
- lavar as mãos com sabão e água antes e após o manuseio dos alimentos;
- utilizar apenas água limpa no preparo e na lavagem dos alimentos;
- usar luvas, caso haja ferimento nas mãos.

Esses cuidados são fundamentais para garantir a preparação adequada da comida, já que a higiene é um dos indicadores da qualidade de vida das pessoas.

Saiba mais

Higienização de frutas e verduras deve ser feita com água sanitária

[...]

Muita gente acha que o vinagre ajuda a eliminar as bactérias, mas a única coisa que ele faz é ajudar a soltar a terra e os insetos que ficam presos nas folhas verdes. A forma mais eficiente de higienizar as frutas e hortaliças é usar água sanitária e água corrente. [...]

Para cada litro de água, é indicado usar uma colher de água sanitária e deixar de molho por 15 minutos. Em seguida, é preciso enxaguar novamente em água corrente. [...]

Na hora de escolher a água sanitária, é importante conferir se ela tem registro no Ministério da Saúde. [...]

Não existem no mercado produtos que eliminam o agrotóxico. Neste caso, a única alternativa é optar por alimentos orgânicos.

G1.

Aplicando conhecimentos

1. Recorte uma imagem que representa o comércio de alimentos e cole-a no espaço abaixo. Em seguida, escreva por que é importante observar a higiene ao manusear alimentos.

Unidade 2 | Alimentação

2. Leia as frases seguintes e marque, com um X, as corretas.

( ) Frutas que são consumidas sem casca, como o mamão, dispensam a higienização.

( ) Os alimentos agrícolas frescos, como as verduras, podem conter ovos de vermes e de insetos.

( ) Durante o preparo dos alimentos, a simples lavagem das mãos é suficiente para evitar doenças.

( ) O vinagre é muito útil para eliminar as bactérias contidas em frutas e hortaliças.

( ) A limpeza dos alimentos com solução clorada faz com que fiquem conservados por mais tempo.

3. Observe as imagens.

Liste os cuidados pessoais que devemos ter ao preparar os alimentos.

___
___
___
___

Unidade 2 | Alimentação

Momento de investigação

1. É correto afirmar que os alimentos industrializados prejudicam a saúde? Por quê?

2. Há diferenças nutricionais entre os alimentos naturais e os industrializados? Discuta com os colegas e registre as considerações da turma.

_____

_____

_____

_____

_____

Descobrindo

Alimentos naturais e alimentos processados

Os tipos de alimentos consumidos pelas pessoas passaram por mudanças ao longo do tempo. Há mais de 60 anos, por exemplo, era comum famílias brasileiras cultivarem frutas e verduras, criarem animais e prepararem doces, queijos e linguiças. Com o desenvolvimento da indústria, os alimentos se tornaram, então, mais acessíveis e variados, sendo facilitados sua aquisição, conservação e preparo.

Os alimentos processados são aqueles obtidos na natureza, mas que passam por um processo de transformação.

Geralmente, possuem aditivos químicos, como conservantes, aromatizantes e corantes. A presença desses aditivos e a grande quantidade de sódio, de gordura e de açúcares que possuem, na maioria das vezes, são prejudiciais à saúde das pessoas.

Já os alimentos naturais são aqueles que apenas exigem a higienização e a retirada da parte não comestível, ou seja, alimentos que não sofrem mudanças significativas. A vantagem de consumi-los é que são muito nutritivos. Consumir alimentos naturais traz benefícios ao corpo, contribuindo para o seu bom funcionamento e equilíbrio, refletindo na saúde física e mental.

Saiba mais

Durante o processamento de determinados alimentos (como o leite embalado em caixas tipo longa vida e o palmito em conserva) são usados métodos a fim de eliminar microrganismos, em geral. Dessa forma esses produtos se tornam mais seguros e com vida útil prolongada. Porém, alguns nutrientes podem ser perdidos, como as vitaminas.

Outro inconveniente do processamento de alimentos é a possível alteração no sabor e os malefícios causados à saúde em virtude da adição de sal, de açúcar, de gordura, entre outros, como comentado anteriormente.

Aplicando conhecimentos

Alimentos na escola

Existem normas regulamentando o que as cantinas escolares podem vender – alimentos saudáveis –, mas falar da importância da boa alimentação também é papel da escola, a fim de que as crianças possam realizar escolhas mais saudáveis em ambientes não escolares.

Unidade 2 | Alimentação

91

1. Observe as seguintes imagens, que representam os alimentos oferecidos em cantinas. Depois, realize as atividades.

   a) Marque, com um X, a imagem que contém alimentos saudáveis.

   (   )   (   )

   b) Justifique sua resposta por meio de frases.

   _____
   _____
   _____

2. Escreva o nome de três alimentos processados encontrados nas cantinas.

3. Cole imagens de alimentos, pesquisadas em revistas, conforme as indicações.

Alimentos naturais	Alimentos processados

Unidade 2 | Alimentação

4. Escreva a diferença entre alimentos naturais e alimentos processados.

___

5. Registre, com suas palavras, o que é comer bem de acordo com o que estudamos neste Capítulo.

___

Momento de investigação

1. Em sua casa, quem costuma realizar a atividade representada nessas imagens?

Unidade 2 | Alimentação

2. O que é importante observar ao comprar alimentos? Registre suas hipóteses.

_____

_____

_____

_____

3. Compare seu registro com o de seus colegas e verifique quais são as semelhanças e as diferenças entre eles.

Descobrindo

Cuidados na compra de alimentos

Os cuidados com os alimentos não devem se limitar à higiene no acondicionamento e no preparo. É preciso atenção desde a hora da compra.

Para isso, é fundamental observar as características do produto e as informações contidas na embalagem ou no rótulo, como as datas de fabricação e de validade, a composição e o valor nutricional.

Evite adquirir um produto se o rótulo estiver danificado ou pouco legível e não consuma alimentos fora do prazo de validade.

INFORMAÇÃO NUTRICIONAL		
Porção de 20 g (2 colheres de sobremesa)		
Quantidade por porção		
		% VD (*)
Valor energético	63 kcal = 265 kJ	3%
Carboidratos	11 g	4%
Proteínas	1,6 g	2%
Gorduras totais	1,4 g	3%
Gorduras saturadas	0,8 g	4%
Gorduras trans	0,2 g	-
Fibra alimentar	0 g	0%
Sódio	0 mg	0%

Exemplo de rótulo de um alimento, com as informações obrigatórias

Também é essencial verificar a embalagem. Devemos rejeitar latas estufadas, pois elas sinalizam uma possível proliferação de bactérias. Além disso, devemos evitar embalagens amassadas ou enferrujadas, que indicam a ruptura da proteção que existe para preservar o alimento do contato com o metal.

Alguns alimentos comercializados em embalagens de metal

O mesmo procedimento deve ser adotado para as embalagens longa vida. Evite adquirir o produto se elas estiverem violadas, estufadas, amassadas ou com a aba descolada.

Nas embalagens de vidro, é preciso verificar se a tampa não está amassada ou enferrujada e se não há espuma, modificação na cor ou algo estranho no interior do produto.

Alguns alimentos acondicionados em embalagens de vidro

Na compra de qualquer alimento, é necessário verificar a aparência, o odor, o sabor, a cor ou qualquer mudança, evitando consumi-lo se estiver alterado.

Outras dicas de cuidados são: durante a compra em supermercado, deixar para escolher os produtos que precisam de refrigeração por último, a fim de evitar que estraguem; e separar os itens de higiene e de limpeza dos alimentícios.

É importante observar, além dos cuidados anteriores, o local da compra: se o estabelecimento apresenta condições corretas para a conservação, se é um ambiente limpo e organizado e se quem manipula os alimentos utiliza touca e roupas limpas.

Saiba mais

O que é intoxicação alimentar?

É o aparecimento de sintomas como dores abdominais, diarreia, vômitos e febre resultantes da ingestão de água ou de alimentos que apresentam vírus, bactérias ou substâncias químicas utilizadas nas lavouras e que permanecem em frutas e verduras.

A diarreia, por exemplo, pode provocar grande perda de água pelo organismo, resultando em

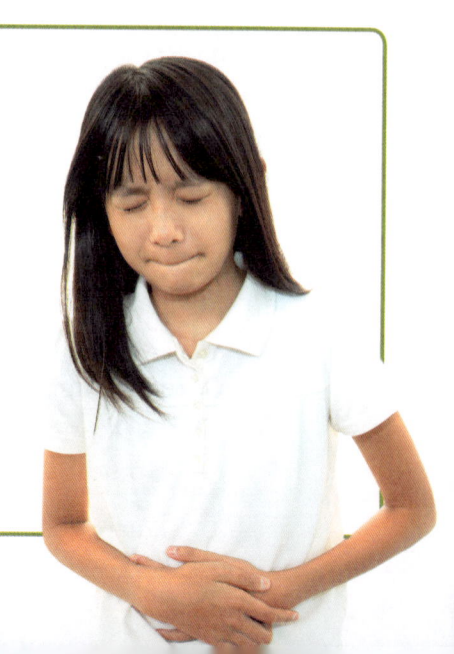

Unidade 2 | Alimentação

desidratação. Por esse motivo, deve-se tomar líquidos em abundância e procurar um médico.

Assim, é fundamental utilizar água tratada, higienizar bem as mãos e os alimentos e prepará-los adequadamente. No caso das carnes, é essencial que sejam bem cozidas. Também é importante lavar latas e outros recipientes que contêm alimentos, antes de abri-los.

Aplicando conhecimentos

Compras no mercado

Existem famílias que têm o hábito de ir ao mercado uma vez por semana para fazer compras, principalmente de frutas, verduras, carnes e frios. Antes de sair de casa, algumas pessoas verificam quais artigos são necessários e organizam uma lista.

1. Observe o nome de alguns produtos que estão em uma lista de compras e circule os que podem ser considerados como processados.

Requeijão
Macarrão
Melancia
Biscoito
Alface
Gelatina
Cenoura
Iogurte
Laranja
Pão

Unidade 2 | Alimentação

2. Registre, pintando no texto da seção "Descobrindo", os cuidados que devem ser observados no momento da compra de alimentos.

Registrando as descobertas

1. Após participar da construção coletiva do mapa mental sobre o conteúdo deste Capítulo, copie-o no espaço a seguir. Utilize os recursos disponibilizados no Encarte 11 para ilustrá-lo.

Unidade 2 | Alimentação

Descobrindo os cinco sentidos

Momento de investigação

1. De quantas maneiras diferentes podemos perceber o ambiente em que vivemos?

2. Quais são os sentidos representados nas imagens?

3. Qual a importância dos sentidos para os seres vivos? Registre por meio da escrita.

_____
_____
_____

Unidade 2 | Alimentação

Descobrindo

Os sentidos e a interação com o ambiente

É por meio dos sentidos que os seres humanos e outros animais percebem o ambiente externo. Os órgãos dos sentidos são responsáveis pela recepção das informações sensoriais contidas no espaço que nos cerca, as quais são transmitidas ao cérebro, que as interpreta. Assim, podemos sentir gostos e cheiros, enxergar, ouvir, perceber a forma, a textura e a temperatura de objetos, sendo possível, dessa maneira, interagir com o mundo.

Os cinco sentidos básicos são: o tato, a visão, a audição, o olfato e a gustação (ou paladar). Os órgãos relacionados a eles são a pele, os olhos, as orelhas, o nariz e a língua, respectivamente. Eles recebem os estímulos do ambiente – como a pressão e a temperatura, a luz, as ondas sonoras, os odores e as substâncias dos alimentos – e os transmitem ao cérebro por meio de nervos. Então, o cérebro compreende a mensagem e produz respostas, como as sensações de frio e de calor, a formação da imagem e a distinção de sons.

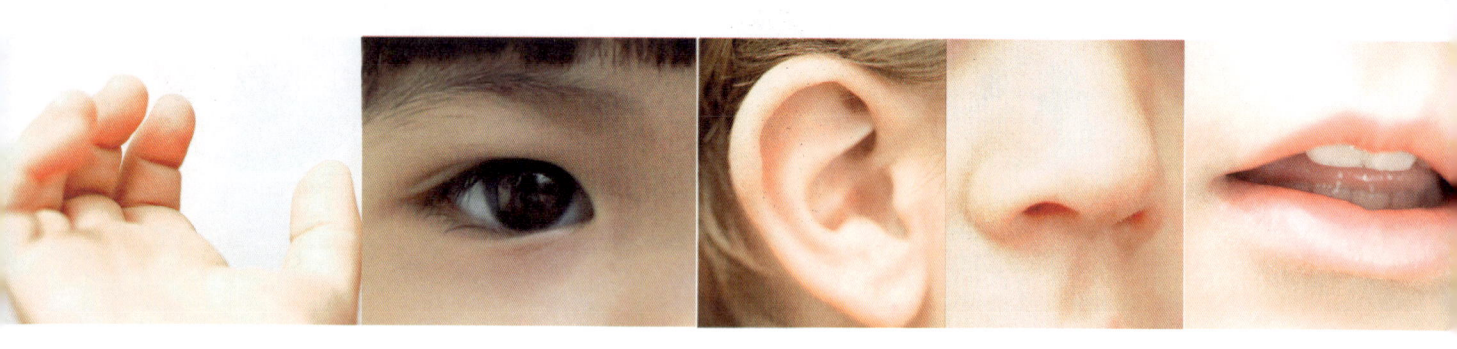

Comunidade de aprendizes

1. Se você passar a sua mão em uma lixa, o que sentirá? E se espetar o dedo em um objeto que apresente uma ponta fina?

2. Por que essas sensações acontecem?

3. No corpo humano, qual é o maior órgão do sentido?

Unidade 2 | Alimentação

4. Registre suas hipóteses e compartilhe-as com um colega. Quais são as semelhanças entre os registros? E as diferenças? Pinte, com a cor verde, as ideias que são semelhantes.

Minha opinião	Opinião do meu colega

Descobrindo

Tato

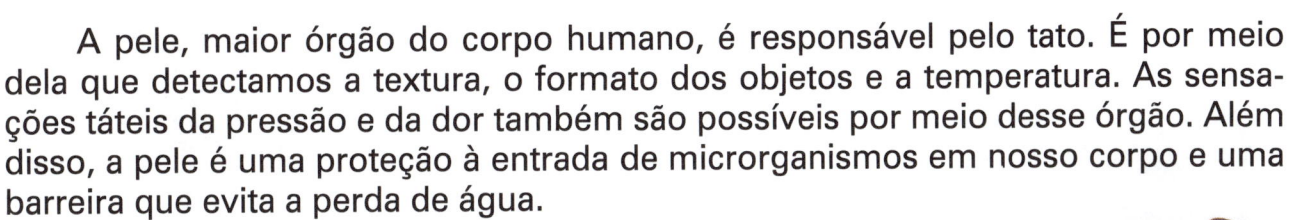

A pele, maior órgão do corpo humano, é responsável pelo tato. É por meio dela que detectamos a textura, o formato dos objetos e a temperatura. As sensações táteis da pressão e da dor também são possíveis por meio desse órgão. Além disso, a pele é uma proteção à entrada de microrganismos em nosso corpo e uma barreira que evita a perda de água.

O interessante é que, à medida que o ser humano se desenvolve e conhece o mundo que o rodeia, a percepção tátil torna-se mais apurada e integrada a outros sentidos, por meio da memória. Quer um exemplo? Se você colocar as mãos no interior da mochila, mas não olhar o que está dentro dela, mesmo assim conseguirá reconhecer quais objetos se encontram ali. Saberá o que é o caderno, a régua, o estojo, a agenda, os livros, entre outros materiais. Poderá, inclusive, sem olhar, distinguir a sua mochila e pertences dos de um colega.

Unidade 2 | Alimentação

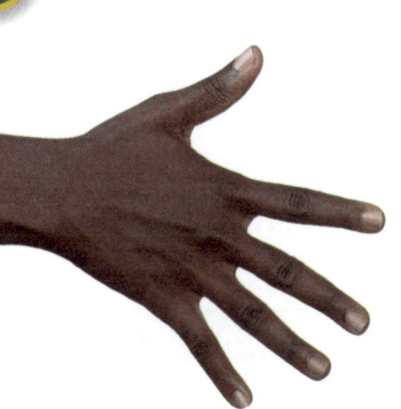

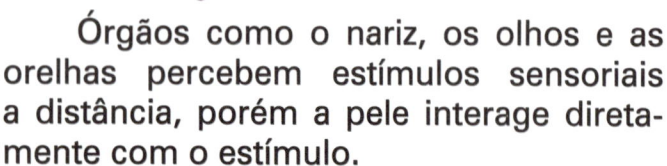

Órgãos como o nariz, os olhos e as orelhas percebem estímulos sensoriais a distância, porém a pele interage diretamente com o estímulo.

Na pele, encontram-se os receptores para a dor, além daqueles responsáveis pela sensação de toque, pressão, frio e calor. Algumas dessas estruturas existem em maior quantidade em determinadas regiões do corpo, como as responsáveis pela sensação de toque, que se localizam, principalmente, nas pontas dos dedos.

Por isso, os deficientes visuais realizam a leitura do alfabeto Braille utilizando essa parte do corpo. Esse recurso foi inventado pelo francês Louis Braille (1809-1852), que se tornou deficiente visual quando ainda era criança.

As regiões do organismo mais sensíveis ao toque são as mãos, os dedos dos pés, o rosto, os lábios e a língua.

Saiba mais

O primeiro sentido a se desenvolver no bebê é o tato, seguido da gustação, do olfato, da audição e da visão.

Desse modo, o bebê começa a perceber o mundo por meio da pele, e essas sensações devem ser tranquilizadoras e agradáveis, a fim de que a criança tenha um desenvolvimento saudável.

Outra curiosidade é que o sentido mais ativo durante o sono é o tato. Tanto que, se uma pessoa adormecer sobre algum objeto, o incômodo causado interferirá na qualidade do sono.

Unidade 2 | Alimentação

Aplicando conhecimentos

1. Por meio do tato, podemos sentir a temperatura. Mas será que esse sentido é um medidor confiável? Registre sua hipótese.

   _____
   _____
   _____
   _____

2. Para confirmar sua hipótese, realize o seguinte experimento.

   - Materiais: 3 bacias, água morna, água gelada e água em temperatura ambiente.

   - Procedimentos:
     - Com o auxílio do professor, despeje a água morna na primeira bacia, a água em temperatura ambiente na segunda e a água gelada na terceira.
     - Coloque uma das mãos na água gelada e a outra na água morna.
     - Depois de um minuto, coloque as duas mãos na água que está em temperatura ambiente.

3. Registre o que aconteceu.

   _____
   _____
   _____
   _____
   _____
   _____
   _____

Unidade 2 | Alimentação

Saiba mais

A sobrevivência dos animais está relacionada diretamente aos órgãos dos sentidos.

Eles são importantes na captura de presas (alimento), na fuga de predadores e na procura de abrigo, entre outras atividades. Nos gatos, longos bigodes chamados "vibrissas" podem sentir a vibração causada pelo deslocamento de um roedor sobre o solo. Essa capacidade está relacionada ao tato.

Esse sentido auxilia os seres vivos na percepção do ambiente não apenas por meio do toque das patas, mas também por estímulos de estruturas como antenas e tentáculos. Nos insetos, as antenas podem tatear o solo e perceber vibrações e substâncias.

Note as vibrissas de um gato doméstico

As antenas dos insetos e os tentáculos das lesmas também servem para perceber o ambiente

Momento de investigação

Unidade 2 | Alimentação

103

1. Quais dos cinco sentidos foram representados nas imagens?

2. Quais são os órgãos responsáveis por eles?

3. De que modo esses sentidos contribuem para a percepção e a interação com o ambiente? Registre por meio da escrita.

_____
_____
_____
_____
_____
_____

Descobrindo

Visão e audição

Os olhos são os órgãos responsáveis pela observação do que existe em um ambiente, sem a necessidade do toque. Assim como o sentido do tato, a visão também ocorre porque os estímulos são levados ao cérebro e interpretados.

Por meio da visão, vemos mais cores e detalhes que a maioria dos animais. Por outro lado, no escuro nossa visão não é tão eficaz.

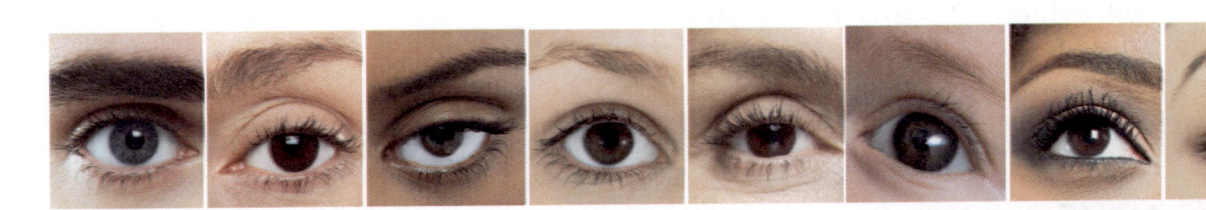

Vamos observar a pupila, que é o orifício negro na região central dos olhos.

Unidade 2 | Alimentação

1. Na sala de aula, forme uma dupla com um colega e olhe atentamente as pupilas dele.

2. Após essa observação inicial, apague as luzes e feche as cortinas. Depois de dez segundos, acenda as luzes e observe rapidamente os olhos do colega.

3. Com uma lanterna, o professor iluminará próximo ao olho do colega. Note o que acontece.

4. O que você observou? Registre nas linhas seguintes.

_____
_____
_____
_____
_____

Uma das partes do olho é a pupila, o orifício que torna possível a passagem da luz para o interior dos olhos.

Outras partes visíveis externamente são: a região branca, chamada "esclera", e a região colorida, "íris".

Quando está escuro, as pupilas se abrem, para que a pouca quantidade de luz que existe no ambiente possa entrar. Quando está muito claro, a pupila diminui de tamanho, impedindo a entrada do excesso de luz. Essa é uma maneira de proteger os olhos da radiação solar, por exemplo, quando estamos em uma praia.

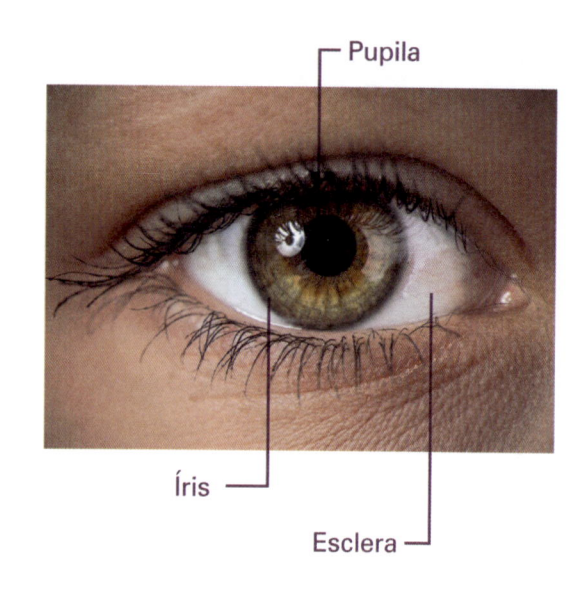

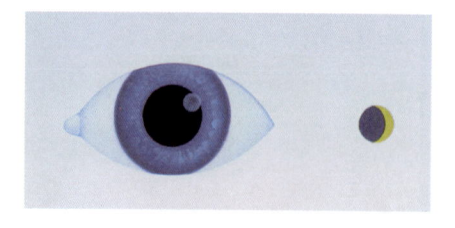

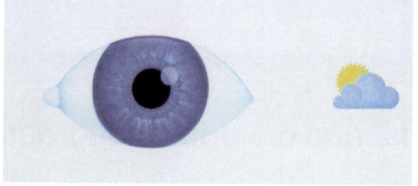

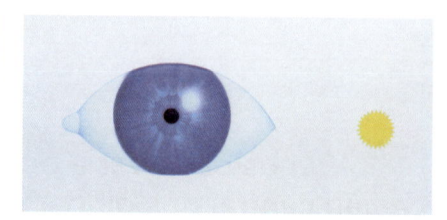

Representação do orifício da pupila dependendo da intensidade de luz. Quanto maior a claridade do ambiente, menor fica a pupila

Unidade 2 | Alimentação

105

Se a pele é o órgão relacionado ao tato e os olhos à visão, as orelhas são os órgãos responsáveis pelo sentido da audição.

A fim de facilitar o estudo, a orelha foi dividida em três regiões: a orelha externa, a orelha média e a orelha interna.

O som é captado pela orelha externa e percorre um caminho até ser interpretado pelo cérebro.

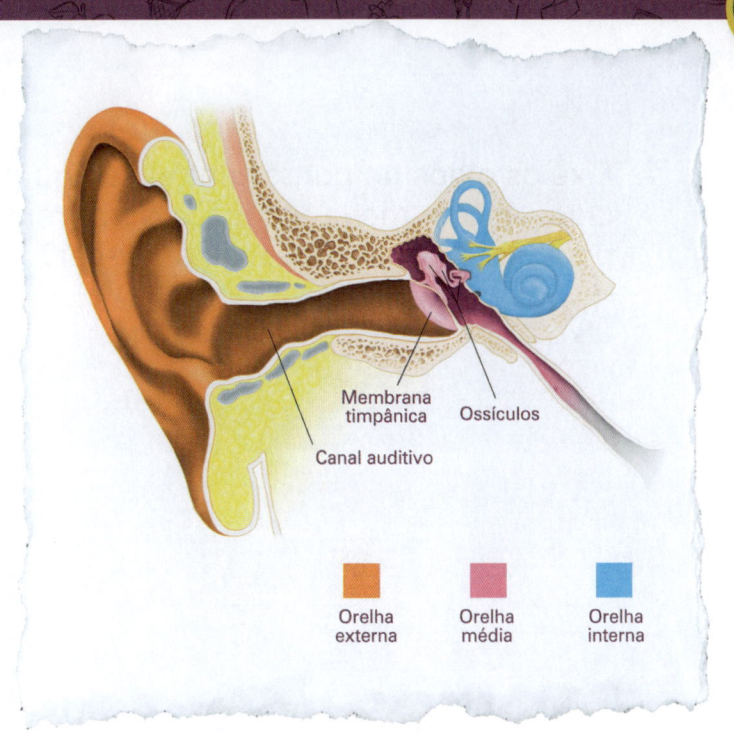

Membrana timpânica
Ossículos
Canal auditivo

Orelha externa
Orelha média
Orelha interna

Saiba mais

Por que ficamos tontos quando giramos em alguns brinquedos nos parques de diversão?

A orelha, além de nos auxiliar na percepção dos sons que estão à nossa volta, também se relaciona com o equilíbrio. Em sua parte mais interna, existe uma estrutura preenchida por um líquido, o qual se move dependendo da posição em que o corpo se encontra. Quando giramos, o líquido também se mexe. Se paramos de girar, o líquido continua o movimento por um tempo. Dessa forma, temos a sensação de tontura.

Brinquedos giratórios

Aplicando conhecimentos

Você sabe o que é ilusão de ótica?

São imagens que, durante um tempo, enganam o cérebro.

Unidade 2 | Alimentação

106

1. Fixe os olhos no ponto central da figura ao lado. Agora, mova a cabeça para frente e para trás. O que é possível perceber?

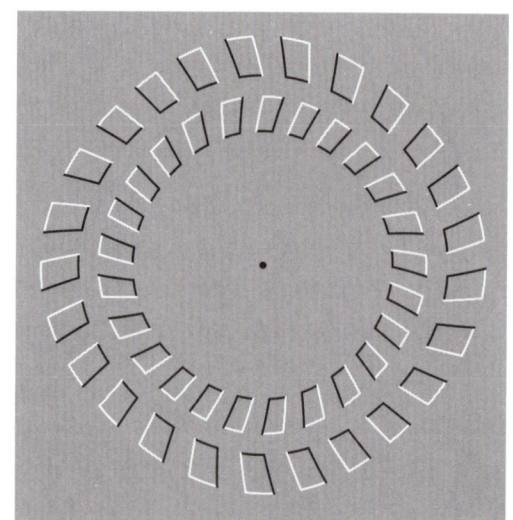

_____
_____
_____
_____

2. Aproxime seu nariz da folha, observe a imagem e registre o que aconteceu.

_____
_____
_____

3. É provável que você já tenha escutado os sons produzidos pelos elementos representados nas imagens.

Discuta com seus colegas e represente, com a voz ou com materiais alternativos, os sons que eles produzem.

Unidade 2 | Alimentação

107

4. Pesquise com o professor e registre duas maneiras de proteger a:

visão
_____
_____
_____
_____
_____
_____
_____

audição
_____
_____
_____
_____
_____
_____
_____

Momento de investigação

1. As imagens têm relação com outros dois sentidos. Quais são eles?

Unidade 2 | Alimentação

2. Quais são os órgãos responsáveis por esses sentidos? Registre por meio da escrita.

_____

3. Circule as imagens que retratam insatisfação ou desagrado. Como você descobriu? Explique por meio de frases.

_____
_____
_____

Descobrindo

Olfato e paladar

O nariz é o órgão responsável pelo sentido do olfato, pois em sua parte interna há estruturas que captam, durante a inspiração, o odor presente no ar. Essa informação é transmitida pelo nervo olfatório ao cérebro, o qual interpreta a mensagem indicando qual é o odor e se é bom ou ruim. Se o odor é desagradável, tendemos a reagir, afastando-nos e demonstrando desprazer por meio das expressões faciais.

Uma curiosidade é que, se existem diferentes odores em um mesmo ambiente, o nariz percebe o cheiro mais intenso.

O quinto sentido a estudarmos, o paladar, está relacionado com a língua. Ela apresenta estruturas em sua superfície: as papilas gustativas, que percebem os sabores doce, salgado, azedo e amargo. As informações sobre os sabores são levadas ao cérebro, que as interpreta e nos faz reagir, apreciando ou não o alimento.

A língua, além de ser importante para que saibamos distinguir entre algo que pode ser ingerido e algo que não pode, também participa de funções como a fala, a mastigação e o ato de engolir.

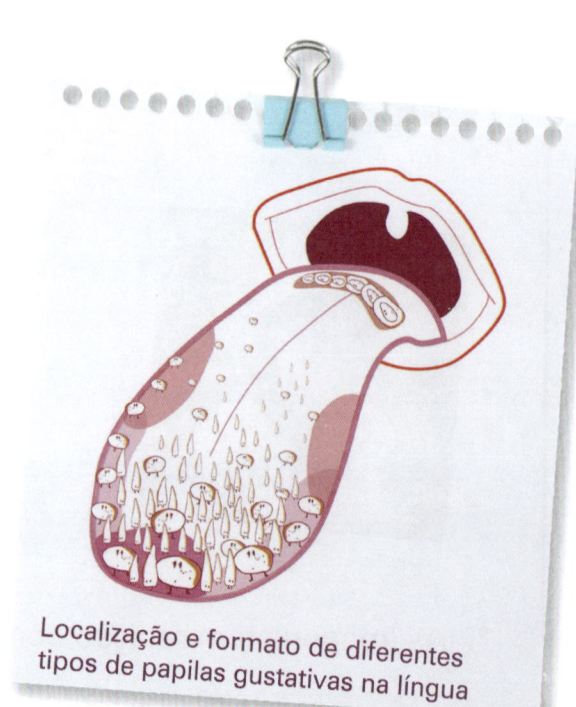

Localização e formato de diferentes tipos de papilas gustativas na língua

Unidade 2 | Alimentação

109

Tente falar e comer sem utilizar a língua. Como ficam as palavras? É possível engolir sem usar a língua?

Comunidade de aprendizes

1. Quando saboreamos uma manga, por exemplo, é possível sentir o cheiro que ela exala?

2. Em sua opinião, o olfato e o paladar trabalham juntos? Por quê? Compartilhe sua ideia com o outro colega e, depois, registre as opiniões.

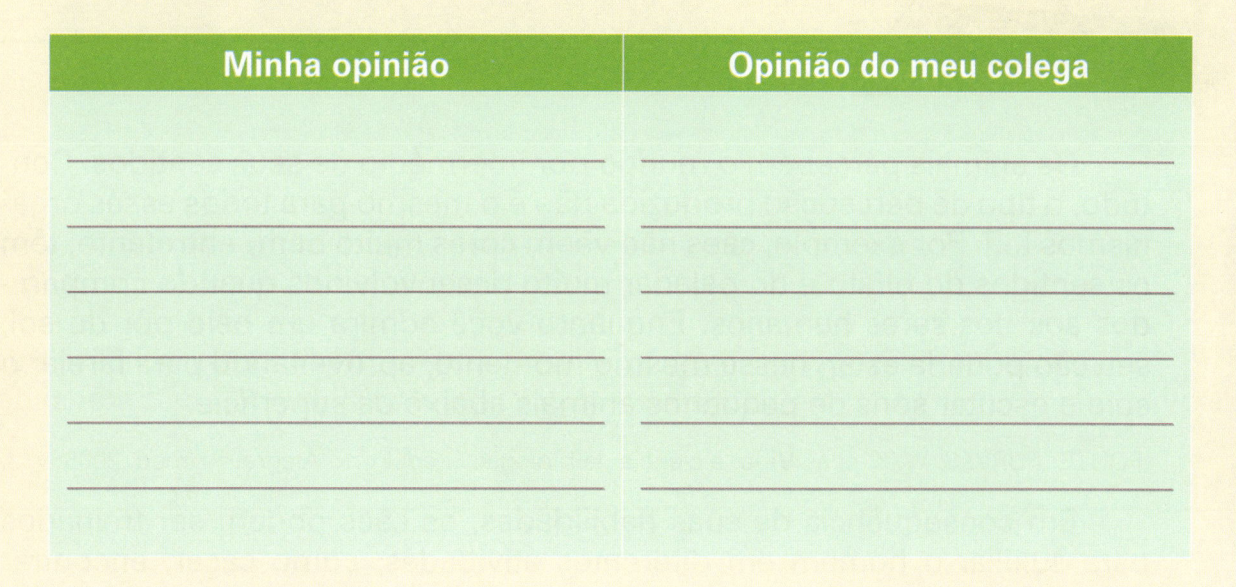

Minha opinião	Opinião do meu colega

Descobrindo

A integração entre o olfato e o paladar

Você já sabe que o sentido associado ao sabor é o paladar e, por meio do olfato, identificamos os cheiros. Mas o que esses sentidos têm em comum?

O olfato também tem uma função importante na distinção de alimentos e, com o paladar, fornece

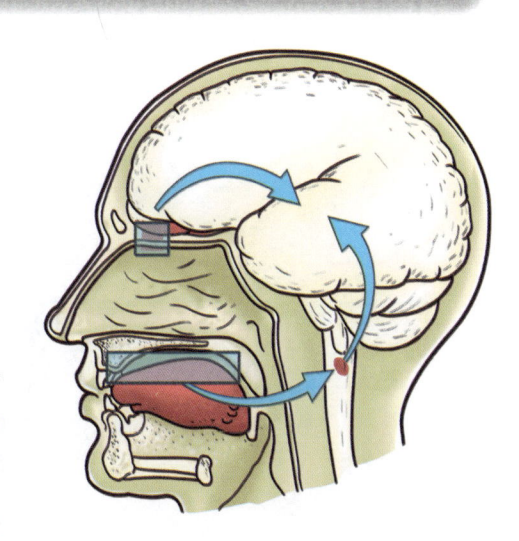

Caminho que os estímulos referentes ao olfato e ao paladar percorrem no sistema nervoso

Unidade 2 | Alimentação

ao cérebro informações a respeito da comida. Isso ocorre porque, enquanto mastigamos, as substâncias responsáveis pelo odor vão para o nariz e aquelas responsáveis pelo sabor são percebidas pelas papilas. Por isso, sentimos de forma simultânea o sabor e o odor. Portanto, o sabor do que comemos é o resultado da captação de estímulos pela língua e pelo nariz e da resposta conjunta dada pelo cérebro.

Como o paladar é influenciado pelo olfato, não conseguimos perceber bem o sabor dos alimentos quando estamos resfriados, uma vez que o olfato fica prejudicado em razão do acúmulo de **muco**.

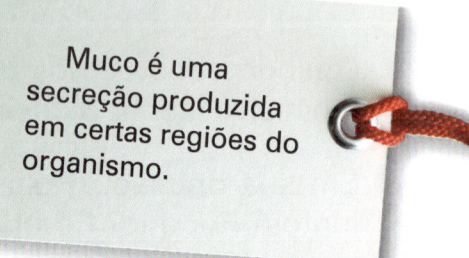

> Muco é uma secreção produzida em certas regiões do organismo.

Saiba mais

Os animais percebem o mundo por intermédio de seus sentidos. Contudo, o tipo de percepção produzida não é o mesmo para todos esses organismos [...]. Por exemplo, cães não veem cores muito bem; entretanto, têm os sentidos do olfato e do paladar muito desenvolvidos quando comparados aos dos seres humanos. Enquanto você admira um belo pôr do sol, seu cão poderia estar, nesse mesmo momento, aproveitando para farejar o solo e escutar sons de pequenos animais abaixo da superfície.

FONTE: PURVES, W. K. et al. **Vida**: a ciência da biologia. 6. ed. Porto Alegre: Artmed, 2005. v. 3.

Em consequência de suas habilidades, os cães podem ser treinados para auxiliar o homem em diferentes atividades, como caçar, encontrar pessoas em desastres como desabamentos ou farejar substâncias em aeroportos.

Unidade 2 | Alimentação

Aplicando conhecimentos

1. Realize o seguinte experimento.

    • Materiais: uma batata e uma maçã.

    • Procedimentos:

      • Lave bem os dois alimentos.

      • Corte-os em pequenos cubos.

      • Coloque uma venda em um colega, que fará dupla com você.

      • Peça para que o colega tape o nariz. Ofereça a ele um dos alimentos, sem que ele saiba qual é (enquanto o nariz estiver tapado, o colega irá respirar pela boca).

2. É possível diferenciar, nas condições da experiência, a batata e a maçã? Justifique.

    _____
    _____
    _____
    _____
    _____

3. Repita a experiência, mas sem tapar o nariz. Houve diferença comparando-se com a experiência anterior? Explique.

    _____
    _____
    _____
    _____
    _____

4. Registre, conforme a indicação, algo que possua:

    a) cheiro agradável: _____

    b) cheiro desagradável: _____

    c) gosto agradável: _____

    d) gosto desagradável: _____

Unidade 2 | Alimentação

Momento de investigação

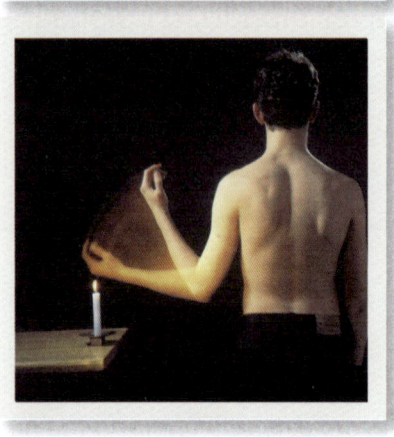

1. As imagens têm relação com quais sentidos?

2. Você já passou por alguma situação semelhante às retratadas? Compartilhe com os colegas.

3. Além da possibilidade de interagirmos com o ambiente, quais são as outras contribuições dos sentidos para a nossa sobrevivência? Registre suas hipóteses.

_____
_____
_____
_____
_____
_____
_____

Unidade 2 | Alimentação

Comunidade de aprendizes

1. Compartilhe com os colegas as ideias que você registrou no ícone "Momento de investigação".

2. Agora, complete o quadro indicando as ideias semelhantes ou diferentes observadas durante a discussão.

Minha opinião	Opinião do meu colega

Descobrindo

Os sentidos e a saúde

Além de nos auxiliar nas respostas às sensações agradáveis ou desagradáveis, os cinco sentidos nos ajudam a identificar sinais de perigo e a preveni-los. Por exemplo, podemos constatar que um alimento está estragado por meio da aparência, do odor desagradável ou do sabor modificado. Outro exemplo é a percepção do calor, que pode evitar queimaduras quando nos aproximamos de uma panela quente. Portanto, os sentidos previnem problemas de saúde e acidentes. Ao identificarmos o que está ao nosso redor, podemos perceber se a situação oferece ou não algum risco.

Unidade 2 | Alimentação

Saiba mais

Qual é o cheiro do gás de cozinha?

Ele é formado por dois gases que não possuem cheiro, o que pode ser perigoso se ocorrer vazamento. Por esse motivo, é adicionado a ele outro gás com forte odor característico. Essa medida de segurança serve para alertar se o gás for liberado de forma não intencional.

Aplicando conhecimentos

1. Pesquise com a turma e com o professor outras formas de prevenir acidentes por meio dos cinco sentidos.

___

Registrando as descobertas

1. Retome este Capítulo, destaque as palavras e expressões que mais lhe chamaram a atenção e registre-as a seguir.

___

Unidade 2 | Alimentação

2. Após participar da construção coletiva do mapa mental sobre o conteúdo deste Capítulo, copie-o no espaço a seguir. Utilize os recursos disponibilizados no Encarte 12 para ilustrá-lo.

Unidade 3
HIGIENE

Momento de investigação

1. É correto afirmar que as imagens destas páginas retratam ações que interferem na saúde humana? Explique.

2. O convívio com outras pessoas pode ser afetado pela falta de alguns desses hábitos? Justifique.

3. Além dos cuidados com o corpo, que outros hábitos de higiene devemos ter?

Unidade 3 | Higiene

Higiene e cuidado com o corpo

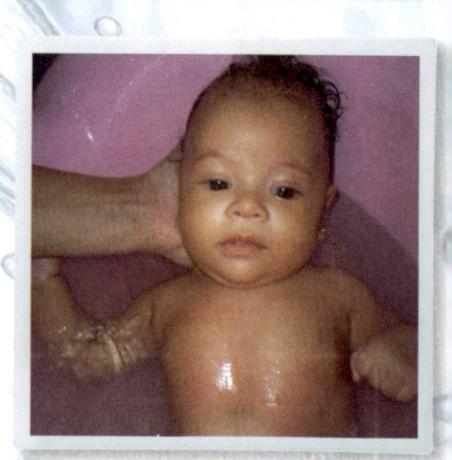

Momento de investigação

1. As imagens retratam um hábito de higiene diário. Quantas vezes por dia você costuma praticá-lo? Qual a duração do seu banho?

   _____

2. Há produtos, utilizados no banho, que são indicados apenas para crianças? Por quê?

   _____
   _____

3. Qual é a temperatura ideal da água do banho?

   _____

Unidade 3 | Higiene

Comunidade de aprendizes

1. De acordo com a nossa cultura, com que frequência devemos tomar banho?

2. Quais são os benefícios de tomar banho? Compartilhe sua ideia com outro colega e, depois, registre as opiniões.

Minha opinião	Opinião do meu colega

Aplicando conhecimentos

1. É provável que, atualmente, você já realize seu banho sem o auxílio de um adulto. Mas isso nem sempre foi assim. Converse com seus familiares e descubra como era o seu banho quando era um bebê.

Unidade 3 | Higiene

Descobrindo

Higienização e outros cuidados com o corpo

Você já pensou no quanto a higiene pessoal é importante? Ela é fundamental em qualquer idade, pois nos mantém limpos e cheirosos e auxilia na melhoria da qualidade de vida, por evitar alguns problemas de saúde. Como resultado, nos sentimos bem e podemos participar de diferentes atividades, inclusive dos momentos de diversão com familiares e amigos. Para garantir isso, é preciso cuidar do corpo e da mente diariamente.

A nossa pele é renovada constantemente, o que pode ser percebido quando visualizamos regiões ressecadas e que descamam. Sobre ela podem acumular-se substâncias eliminadas com o suor. Além disso, possuímos um tipo de gordura produzida pelas glândulas sebáceas que impermeabiliza a pele, evitando a perda excessiva de água para o ambiente. Há também bactérias e outros microrganismos, como os fungos, os quais podem se multiplicar e causar doenças. Então, é necessária a remoção desses elementos com frequência. Contudo, não há necessidade de exageros, como o uso de esponjas ásperas para esfregar a pele.

Pode haver momentos em que o banho não é possível, como quando as pessoas estão acampadas ou há escassez de água. Nesses casos, pode-se utilizar um pano molhado e sabão para higienizar o corpo.

Quando falamos do banho, isso inclui o couro cabeludo e os cabelos, uma vez que, sobre eles, ocorre o acúmulo de poeira, gordura e microrganismos. Além da lavagem, o cabelo deve ser cortado ou arrumado de modo a não permanecer sobre os olhos, prejudicando as atividades diárias.

Após o banho, é importante vestir roupas limpas. As sujas devem ser lavadas com água e sabão antes de serem utilizadas novamente, sendo secas, preferencialmente, ao sol, auxiliando na eliminação da umidade, que pode causar a proliferação de microrganismos.

Outro hábito importante é o de lavar as mãos, pois durante o dia, enquanto a criança brinca ou estuda, por exemplo, microrganismos que causam doenças podem se hospedar nas mãos e nas unhas. Mantê-las limpas é um dos passos mais importantes para evitar a transmissão desses seres para outras pessoas.

De acordo com a Organização Mundial da Saúde (OMS), o simples ato de lavar as mãos reduz em até 40% o risco de contrair doenças, como a gripe e a conjuntivite. Alguns vírus e bactérias são transpor-

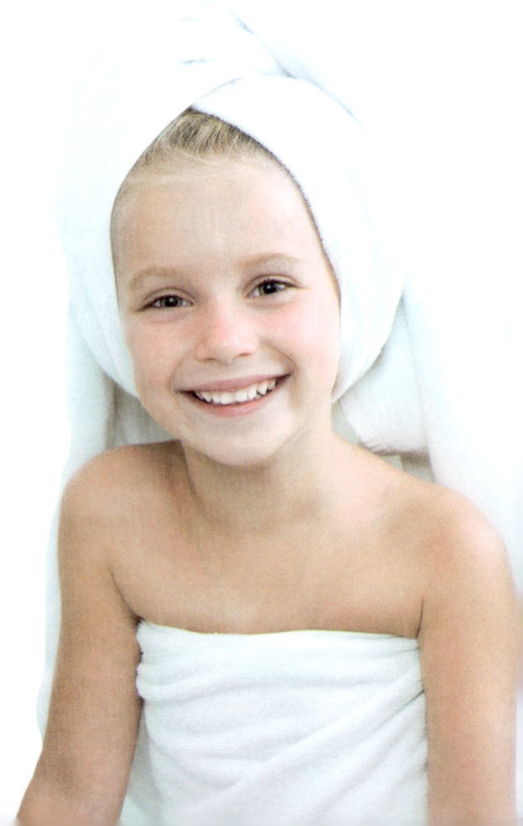

Unidade 3 | Higiene

tados de forma fácil pelas mãos, uma vez que as utilizamos em diversas atividades. Por isso, sua higienização não deve ser feita somente antes das refeições ou depois de ir ao banheiro, mas sempre que necessário.

Quanto às unhas, devem ser cortadas regularmente a fim de que não se acumulem impurezas entre elas e a pele.

Enfim, a higiene pessoal traz saúde e bem-estar no convívio em sociedade.

Saiba mais

Entre os mais notáveis hábitos de higiene dos brasileiros, temos o banho diário e a lavagem das mãos. Podemos dizer que herdamos o comportamento de tomar banho dos povos indígenas. Os portugueses, quando chegaram ao Brasil na época do descobrimento, ficaram impressionados com a "mania de limpeza" dos índios. E perceberam que estes apresentavam saúde quando comparados aos povos europeus.

Atualmente, existem diferentes costumes relacionados ao banho, havendo culturas em que esse hábito é menos frequente.

Unidade 3 | Higiene

Aplicando conhecimentos

1. O que você faz para manter seu corpo limpo, além do banho? Registre por meio de um desenho e da escrita.

_____
_____
_____

2. Você gosta de tomar banho? Por quê?

_____
_____
_____

3. Escreva com suas palavras qual a importância do banho.

_____
_____
_____
_____

4. Observe e leia a tirinha a seguir.

— EU NÃO PRECISO DE BANHO!
— NEM ME SUJEI!
— E VOCÊ TOMOU BANHO ONTEM?
— MAS TAMBÉM NÃO ME SUJEI ONTEM...
— EU NÃO ME SUJO FAZ DIAS!

Beckilustras

Unidade 3 | Higiene

123

Você concorda com a justificativa do menino: "Eu não preciso de banho!"? Explique sua resposta.

_____
_____
_____
_____

5. Por que devemos lavar as mãos várias vezes ao dia, principalmente antes de preparar alimentos ou de saborear uma refeição?

_____
_____
_____

6. Leia a forma correta de lavar as mãos e, em seguida, pinte as ações que você costuma realizar quando executa esse procedimento.

a) Molhar as mãos na água corrente, procurando não encostar na pia.

b) Utilizar sabonete em quantidade suficiente em ambas as mãos.

c) Ensaboar as palmas das mãos, esfregando-as entre si.

d) Esfregar a palma de uma das mãos contra o dorso da outra e vice-versa, entrelaçando os dedos.

e) Lavar todos os dedos, entrelaçando-os e esfregando o espaço entre eles.

f) Esfregar o dorso dos dedos de uma mão com a palma da outra mão e vice-versa.

g) Com movimentos circulares, esfregar um polegar com a palma da outra mão e vice-versa.

h) Esfregar a palma de uma mão com os dedos e as unhas da outra mão e vice-versa, por meio de movimentos circulares.

i) Enxaguar bem as mãos mais uma vez para retirar toda a sujeira e evitar tocar a torneira com elas.

j) Enxugar as mãos e os punhos.

Unidade 3 | Higiene

Agora, compare a forma como você lava as mãos com a indicada anteriormente. Registre o que você pode fazer para melhorar seu modo de realizar esse procedimento.

_____
_____
_____
_____

7. Observe as imagens. O que elas retratam?

Escreva dois cuidados relacionados às unhas. Compare a sua resposta com a de um colega e descubra se há outras possibilidades.

_____
_____
_____
_____

8. Analise as seguintes imagens.

Em sua casa, quem geralmente auxilia nesse cuidado? Qual benefício esse hábito traz?

_____
_____
_____
_____

9. Participe da seguinte experiência.

Mãos limpas?

[...]

Material

- 1 colher de fermento biológico diluído em um copo de água
- Água com açúcar em uma tigela
- 1 tubo de ensaio
- 1 funil
- 1 rolha para fechar o tubo de ensaio
- 1 chumaço de algodão
- Algumas gotas de azul de bromotimol

Procedimento

Lavar bem as mãos. Um aluno joga o fermento biológico na mão direita e cumprimenta um colega com um aperto de mão. Esse cumprimenta outro e assim por diante.

O último lava as mãos na tigela com água e açúcar.

Com o funil, coloque um pouco dessa água no tubo de ensaio. Molhe o algodão no azul de bromotimol e coloque-o na boca do tubo de ensaio, sem encostar no líquido. Feche-o com a rolha e espere alguns dias.

[...]

Paola Gentile/Nova Escola/Abril Comunicações S.A.

Registre, por meio da escrita, o resultado da experiência "Mãos limpas?".

_____
_____
_____
_____
_____

Unidade 3 | Higiene

Momento de investigação

1. Que relação há entre essas imagens? O que elas têm em comum?

2. Que produtos de higiene pessoal você utiliza diariamente?

3. Qual a importância de utilizar produtos de higiene pessoal? Registre por meio da escrita.

Unidade 3 | Higiene

Descobrindo

Produtos para a higiene corporal

Nos momentos em que realizamos a higiene pessoal, utilizamos alguns materiais, tais como esponja, sabonete, xampu e toalhas limpas. Mesmo que alguns produtos contenham indicação de que são **biodegradáveis**, é adequado evitarmos sua liberação excessiva na água. Por isso, seja responsável nesse sentido.

Para a higienização do corpo, a água é fundamental, porém esse elemento essencial à sobrevivência deve ser usado de modo consciente, evitando-se o desperdício. Busque refletir sobre suas atitudes com relação ao seu uso nos momentos em que realiza a higiene pessoal.

> Biodegradável é aquilo que se transforma, pela ação de microrganismos, em substâncias que não prejudicam a natureza.

Saiba mais

O Dia Mundial da Água foi instituído pela ONU em 22 de março de 1992. Apesar de a água compor dois terços do planeta Terra, apenas uma pequena quantidade é própria para o nosso consumo. Além disso, as atividades humanas contaminam e poluem as principais fontes, como os rios, os lagos e as reservas subterrâneas. Em um futuro próximo, é certo que grande parte da população mundial conviverá com a escassez desse recurso. Por esse motivo, é importante refletirmos sobre o assunto não só no Dia Mundial da Água, mas sempre, prestando atenção às nossas atitudes e colaborando com a proteção desse precioso líquido.

Unidade 3 | Higiene

Registrando as descobertas

1. Reflita sobre o que você estudou neste Capítulo, destaque as palavras mais importantes e registre-as no caderno.

2. Construa um mapa mental, do seu jeito, para indicar o que você aprendeu. Utilize os recursos do Encarte 13.

Unidade 3 | Higiene

Higiene bucal

Momento de investigação

1. Você possui o hábito retratado nas imagens? Quantas vezes por dia costuma praticá-lo?

2. Você sabe o que é cárie? Já apresentou alguma? Se sim, o que sentiu? E o que foi feito para resolver o problema?

3. Qual a importância dos dentes?

_____
_____
_____

Você já parou para pensar que, todas as vezes que comemos, alguns resíduos alimentares podem ficar entres os dentes, nas gengivas e na língua? Saiba que, para retirá-los, é necessária uma boa limpeza da boca em geral.

Comunidade de aprendizes

1. Compartilhe as respostas das perguntas anteriores com um colega.

Unidade 3 | Higiene

2. Agora, conversem e registre o que pode acontecer com uma pessoa que não possui o hábito de escovar os dentes com frequência.

Minha opinião	Opinião do meu colega

Descobrindo

Saúde bucal

A saúde bucal, além de ter relação com a boa aparência, é importante porque na boca se inicia o processo de nutrição. Ela também interfere na saúde de todo o organismo, pois algumas doenças nesse local podem causar enfermidades em outras partes do corpo.

Um exemplo são as infecções por bactérias nas gengivas, que podem levar a problemas na fixação dos dentes ou causar danos a outros órgãos, como o coração. Por outro lado, muitas vezes feridas ou certos sinais na boca indicam doenças como a diabetes. Por isso, atenção e cuidado são duas atitudes importantes com essa região delicada do corpo.

A placa bacteriana, a cárie, o tártaro, as doenças da gengiva e as lesões (ferimentos bucais, tais como as aftas) são problemas frequentes que ocorrem na boca.

A placa bacteriana é comum em todas as pessoas; constitui-se de uma **película** incolor formada por bactérias e resíduos dos alimentos que se

> Película é uma membrana, ou seja, uma camada muito fina.

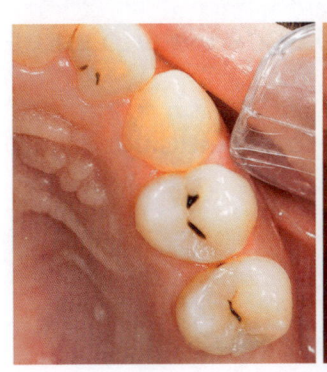

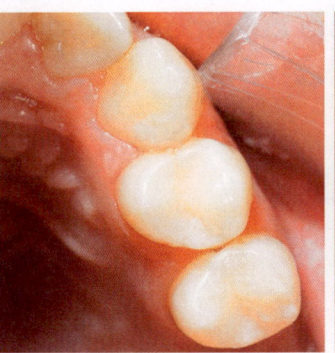

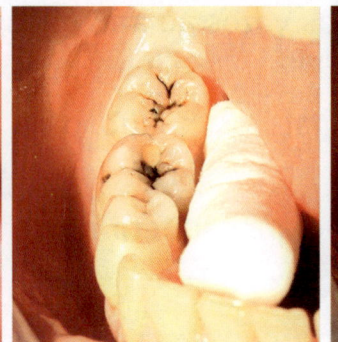

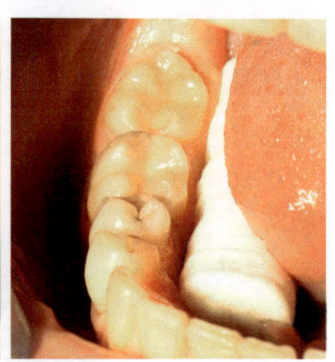

assenta sobre os dentes. Já a cárie é a destruição desses órgãos (os dentes), provocada pelos ácidos produzidos pelas bactérias da placa bacteriana.

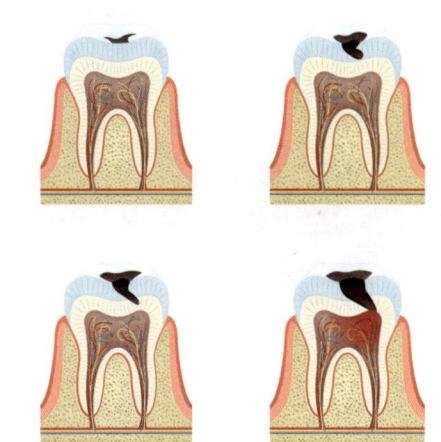

O primeiro sinal da cárie é uma mancha branca e fosca, mas sem perfuração no dente. Com o passar do tempo passa a apresentar coloração que varia de marrom a negro. Existem diferentes tipos de manchas que não são cáries; somente o dentista é capaz de diferenciá-las e identificar o que são realmente.

Com a progressão da cárie, além das mudanças na cor do dente, há um aumento da dor no local se não houver tratamento.

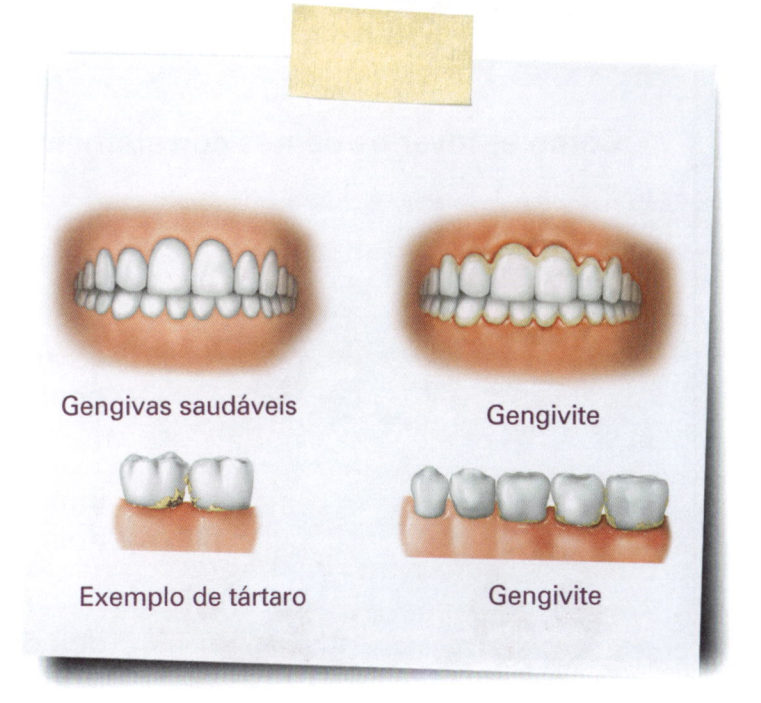

A placa bacteriana, além de ter relação com o desenvolvimento da cárie, quando não é removida, pode ocasionar gengivite (inflamação na gengiva). Nesse caso, pode haver vermelhidão e inchaço na gengiva, e até mesmo sangramento. O acúmulo dessa placa por um longo período leva ao tártaro, que fica aderido aos dentes e, se não for retirado, pode destruir as estruturas que os sustentam (como os ossos que estão ao redor), levando ao que chamamos de "periodontite". Os sintomas são mau hálito, gengivas vermelhas e que podem sangrar, sensibilidade e mobilidade dos dentes.

Gengivas saudáveis

Gengivite

Exemplo de tártaro

Gengivite

Alguns cuidados, como os citados a seguir, colaboram para uma boa higiene bucal:

- Escove os dentes pelo menos três vezes ao dia e use o fio dental.
- Escove a língua a fim de retirar os resíduos dos alimentos e, consequentemente, as bactérias causadoras do mau hálito.

Unidade 3 | Higiene

- Vá ao dentista duas vezes ao ano, pois o cuidado preventivo pode evitar o surgimento de problemas.
- Utilize creme dental apropriado para a sua idade e conforme a indicação do dentista.
- Use escova macia para não ferir as gengivas.

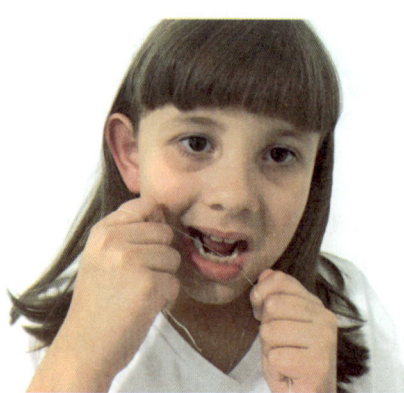

Saiba mais

Como escovar os dentes corretamente?

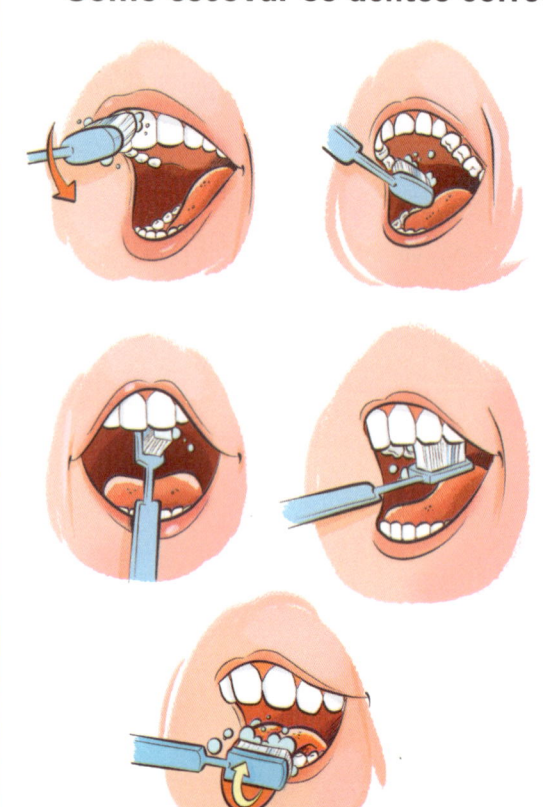

Para as superfícies externas dos dentes, posicione a escova em um ângulo de 45 graus e faça movimentos que vão da gengiva à ponta dos dentes.

Da mesma forma, escove as faces internas de todos os dentes, de dois em dois, repetindo o movimento dez vezes.

Para limpar as superfícies internas dos dentes da frente, segure a escova verticalmente e passe-a de cima para baixo com a ponta da cabeça da escova.

A superfície com que mastigamos deve ser escovada com movimentos de vai e vem para frente e para trás.

Lembre-se de escovar a língua.

Unidade 3 | Higiene

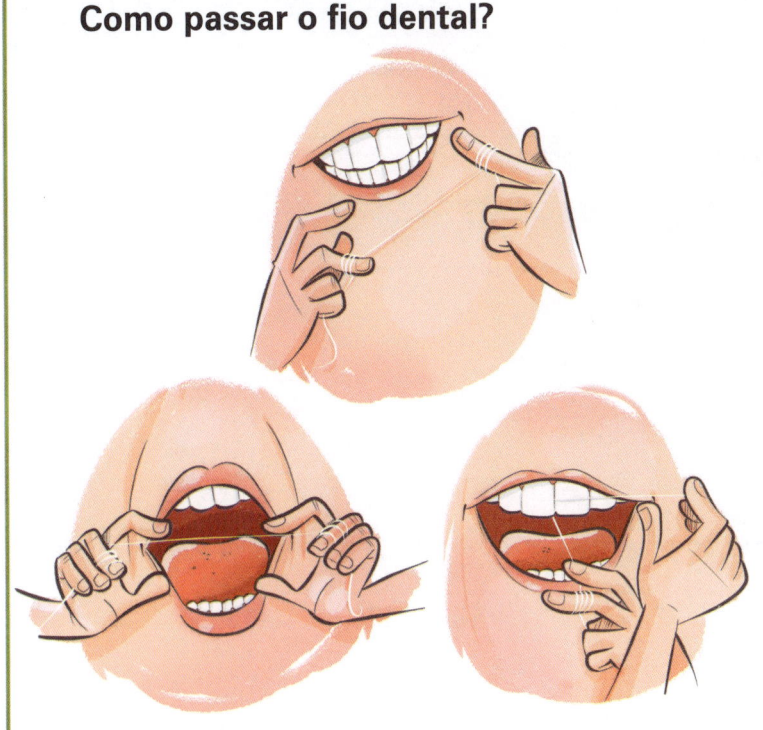

133

Como passar o fio dental?

Enrole o fio dental em volta de seus dedos, deixando aproximadamente 5 centímetros de fio entre eles.

Estique o fio e deslize-o entre os dentes até a linha da gengiva.

Curve o fio em volta de cada dente, dando a forma de um C, e mova-o para cima e para baixo.

Repita a operação entre todos os dentes.

Aplicando conhecimentos

1. Recorte, do Encarte 14, imagens que representam bons hábitos de higiene bucal.

2. Cole-as nos espaços indicados. Em seguida, escreva ao lado o que cada imagem representa e as contribuições das atitudes ilustradas para a saúde bucal.

a)

COLE AQUI

b)

COLE AQUI

Unidade 3 | Higiene

134

c) COLE AQUI

_____
_____
_____

d) COLE AQUI

_____
_____
_____

3. Quais as consequências de uma higiene bucal inadequada?

_____
_____
_____
_____

Saiba mais

Evidenciador de placa bacteriana

A placa bacteriana, de certa maneira, é invisível. E quando escovamos os dentes é difícil saber se ela foi removida completamente. Assim, para verificar a eficiência da escovação, foi desenvolvido um evidenciador de placas, que pode ser líquido ou em forma de pastilha. Consiste em um corante que marca a placa bacteriana.

De forma geral, a boca fica manchada de vermelho, porém, em lugares com maior acúmulo de placa, as manchas ficam mais escuras.

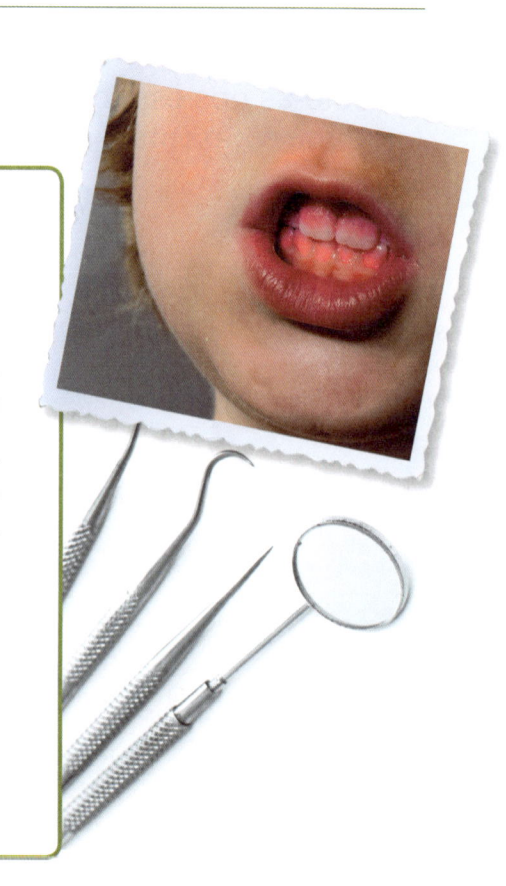

Unidade 3 | Higiene

Momento de investigação

1. Quais desses produtos você utiliza? Quantas vezes por dia?

2. Os produtos de higiene bucal utilizados por adultos e crianças são iguais? Por quê?

_____
_____
_____

3. Que tipo de escova é indicado para crianças? Justifique.

_____
_____
_____
_____

4. Qual a importância do creme dental? Por quê?

_____
_____
_____
_____

5. Quando devemos trocar a escova de dentes? Explique sua resposta.

_____
_____
_____
_____

Unidade 3 | Higiene

Descobrindo

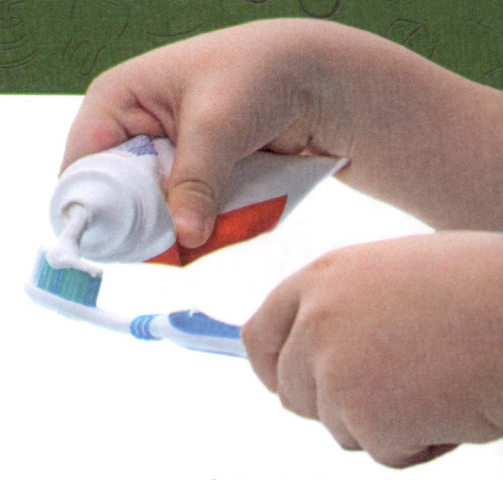

Produtos para a higiene bucal

Para garantir uma boa higiene bucal e, consequentemente, a saúde da boca, os cuidados diários preventivos – tais como uma boa escovação, o uso do fio dental e a escolha e o uso corretos dos materiais de higiene bucal – são fundamentais.

Uma escova adequada para a arcada dentária infantil, geralmente, apresenta uma cabeça pequena e plana, com cerdas macias e arredondadas na extremidade. É importante trocar a escova sempre que perceber que as cerdas estão deformadas, sinal de que já não são tão eficazes. O creme dental também deve ser adequado à idade. Crianças só devem usá-lo com flúor quando já sabem escovar os dentes sem ingerir o produto. O flúor é um agente utilizado na prevenção de cáries, pois contribui para o aumento da resistência do esmalte do dente. O creme dental e a escova limpam e fazem o polimento dos dentes, removem a placa bacteriana e auxiliam na eliminação das manchas da superfície dos dentes e do mau hálito.

Lembre-se de que a escova, a pasta de dentes e o fio dental são aliados, uma vez que a escova sozinha não limpa entre os dentes e o fio dental sozinho não realiza a limpeza completa.

Saiba mais

Adotar uma dieta balanceada também contribui para os cuidados com os dentes. Os alimentos e as bebidas açucaradas são os preferidos pelas bactérias; já os alimentos ácidos contribuem para a destruição dos dentes. Por esse motivo, é importante limitar a quantidade de açúcar e de alimentos ácidos.

Unidade 3 | Higiene

137

Aplicando conhecimentos

1. Recorte de encartes de farmácias e/ou supermercados imagens de produtos utilizados na higiene bucal e cole-os sobre a imagem da pia a seguir.

2. Explique a importância do uso adequado dos produtos de higiene bucal.

_____
_____
_____

3. Além da escolha e do uso correto dos produtos de higiene bucal, quais seriam outras formas de cuidar dos dentes? Explique.

_____
_____
_____

Unidade 3 | Higiene

Momento de investigação

1. Você já perdeu algum dente?
2. Em que período da vida há troca de dentes?
3. Você possui dentes permanentes? Quantos?
4. Compare a quantidade de dentes que você e um amigo têm e verifique se é a mesma.
5. Registre, por meio da escrita, suas considerações.

_____
_____
_____
_____
_____

6. Os dentes de uma pessoa adulta e os de uma criança são os mesmos?

Descobrindo

Dentição

Ao nascermos, não possuímos dentes, porém, por volta dos seis meses de vida, eles começam a surgir.

Aos três anos, a criança geralmente já possui os 20 dentes de leite, ou dentes decíduos. Aproximadamente aos seis anos, nasce o primeiro molar permanente.

Os dentes de leite são temporários, mas nem por isso podemos descuidar deles. Geralmente, totalizam 20, dez em cada arcada (superior e inferior). Embaixo de cada um deles, existe outro dente e, à medida que ele cresce, o antigo

Unidade 3 | Higiene

desprende-se, cai e dá espaço ao novo. Os novos dentes são chamados de permanentes, pois não serão trocados durante a vida. A dentição completa é constituída por 32 dentes permanentes.

A troca de dentes ocorre, geralmente, a partir dos cinco ou seis anos de idade e os primeiros a serem trocados são os da frente, que caem e dão lugar aos incisivos permanentes.

Os dentes se dividem em grupos, conforme sua finalidade. Os incisivos cortam os alimentos. Já os caninos servem para apreender, perfurar e cortar os alimentos. Os pré-molares e os molares são os últimos dentes da boca e são responsáveis pela trituração dos alimentos durante a mastigação.

Uma boa mastigação depende da presença de todos os dentes. Além disso, eles também auxiliam na pronúncia correta das palavras e contribuem para um belo sorriso e uma boa aparência.

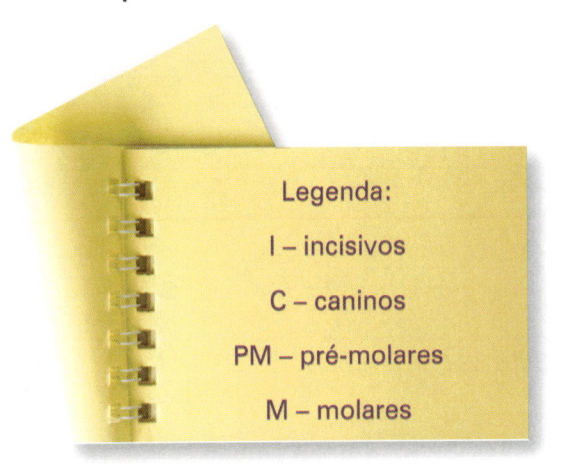

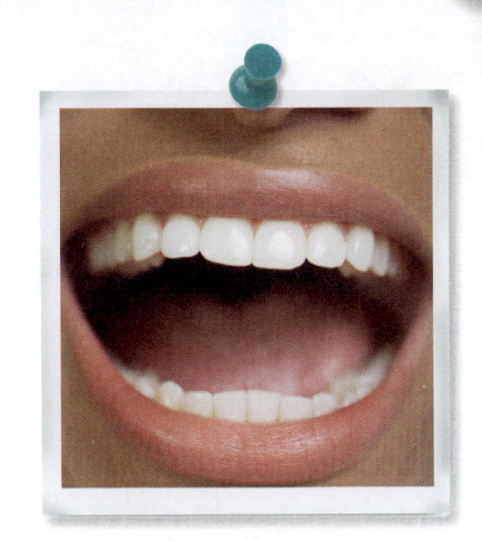

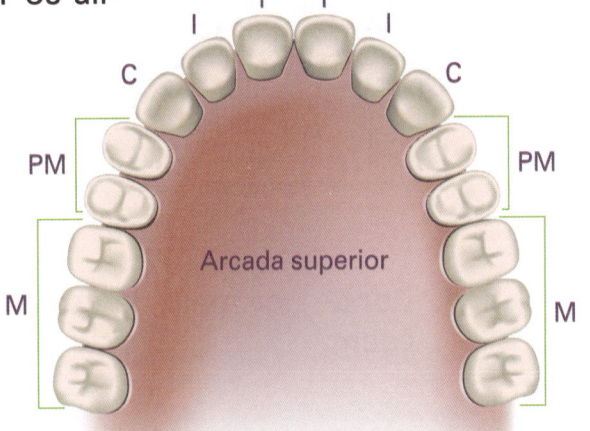

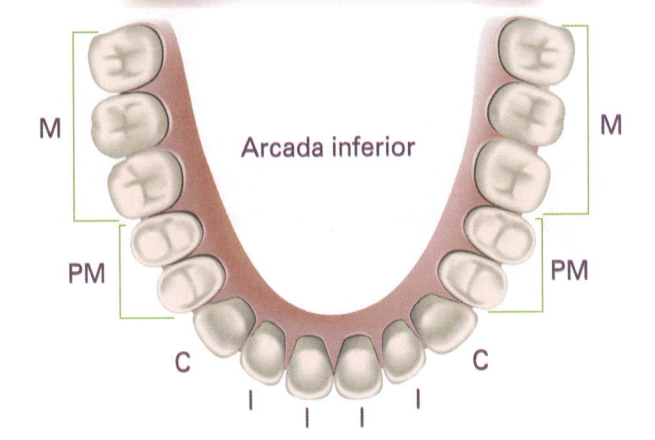

Legenda:

I – incisivos

C – caninos

PM – pré-molares

M – molares

Arcada superior

Arcada inferior

Saiba mais

A amamentação é de grande importância para que os músculos, os ossos e as articulações da face e também os dentes cresçam e se desenvolvam com saúde e harmonia.

Apesar de os dentes de leite caírem, é preciso cuidar bem deles, pois, se estiverem cariados, provocam dores e podem prejudicar a formação dos permanentes, expondo-os às cáries precocemente.

Unidade 3 | Higiene

Aplicando conhecimentos

1. Como chamamos a primeira dentição?

2. Qual o nome dado aos dentes da segunda dentição?

3. Explique quais são as funções dos dentes.

4. Conte, por meio da escrita, o que você costuma fazer com os dentes que caem.

Momento de investigação

1. Qual é o profissional retratado nas imagens?

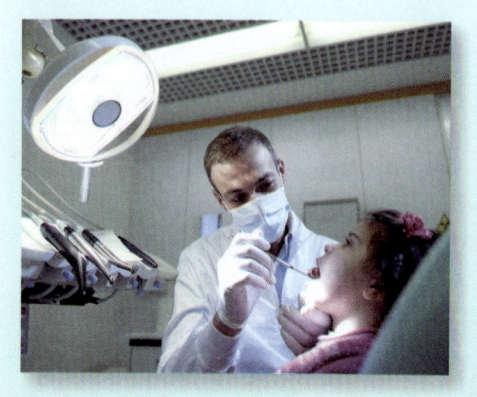

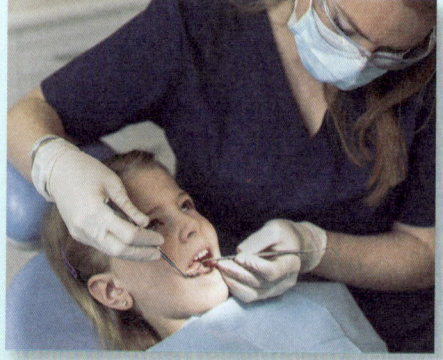

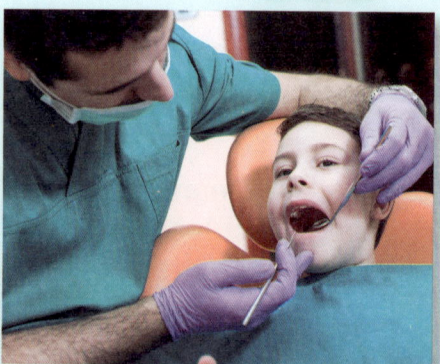

2. Você já realizou algum tratamento dentário? Compartilhe com seus amigos essa experiência.

Descobrindo

O profissional da saúde bucal

Dentistas são profissionais de saúde que oferecem tratamentos de prevenção e reparação de problemas que afetam a boca e os dentes. Geralmente, são responsáveis por ensinar os pacientes sobre a saúde bucal e por examinar suas condições dentárias. Dessa forma, realizam o tratamento adequado para cada necessidade.

Considera-se necessário ir ao dentista uma vez a cada seis meses, pois, mesmo que não seja identificado nenhum problema, provavelmente esse profissional irá reforçar os hábitos saudáveis. Porém, pode-se afirmar que o prazo ideal para a visita ao dentista é aquele estabelecido por meio de um diálogo entre o profissional e o paciente, levando em consideração a necessidade individual.

Saiba mais

Você sabe o que é um protético? É o especialista em restauração e substituição de dentes, quando há perda desses órgãos. É com a ajuda desse profissional que as pessoas podem recuperar ou restaurar os dentes e o sorriso.

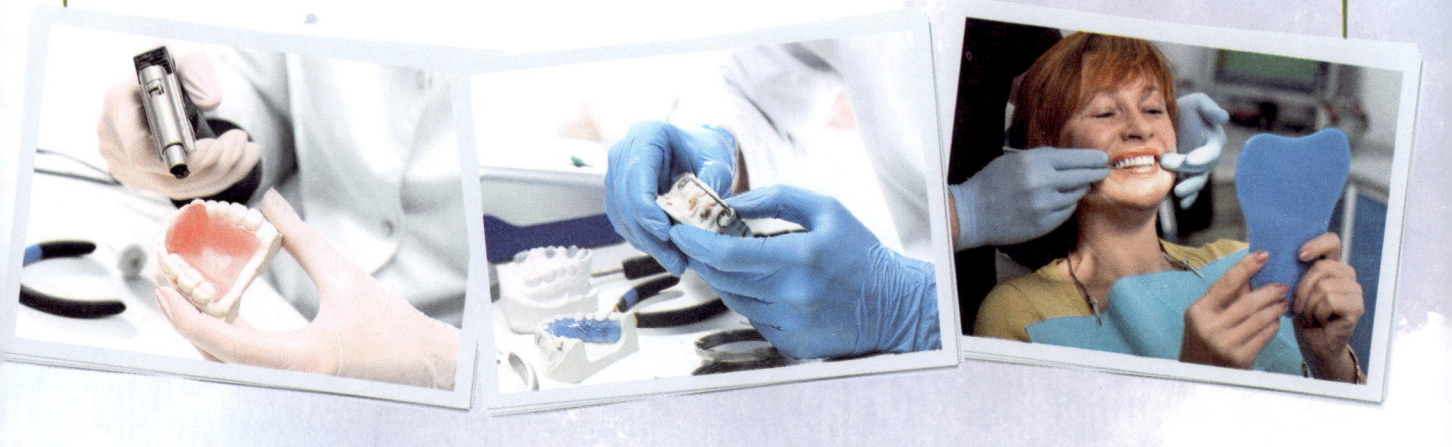

Unidade 3 | Higiene

Aplicando conhecimentos

1. Qual a importância de se fazer visitas regulares ao dentista? Se possível, converse com esse profissional, ou faça uma pesquisa sobre quais orientações devemos seguir ao realizarmos a higiene bucal e anote no caderno.

Registrando as descobertas

1. Construa um mapa mental, de acordo com seu modo de pensar, para indicar o que você aprendeu. Utilize os recursos do Encarte 15 para ilustrá-lo.

Unidade 3 | Higiene

Outros cuidados com a saúde humana

Momento de investigação

1. As imagens retratam pessoas em momentos de lazer. Quais os benefícios do lazer?

   _____
   _____

2. O que significa possuir uma boa saúde mental?

   _____
   _____

Para um bom funcionamento do corpo, devemos cuidar da nossa mente. Você já escutou o ditado "mente sã, corpo são"? É importante que tanto a mente quanto o organismo estejam saudáveis para que tenhamos uma boa qualidade de vida.

Unidade 3 | Higiene

Comunidade de aprendizes

1. Compartilhe com um colega o registro que você realizou durante o "Momento de investigação" e compare-o com o dele.

2. Em que as ideias de vocês são diferentes? Escreva.

_____
_____
_____
_____

3. Em que pontos as ideias de vocês são similares?

_____
_____

Descobrindo

Saúde mental

A saúde mental é tão importante quanto a saúde física. As diferentes formas de lazer trazem benefícios para a mente, pois auxiliam no combate ao estresse. Quando estão associadas ao exercício físico, contribuem para melhorar a saúde do corpo como um todo.

Pode-se afirmar que a saúde mental está ligada à sensação de bem-estar e que afeta diretamente a nossa forma de agir e de pensar. Além disso, fortalece nossa capacidade de ter relacionamentos saudáveis, de fazer boas escolhas de vida e de superar dificuldades.

Uma boa saúde mental nos ajuda a aproveitar a vida e a lidar com os problemas. Assim como cuidamos do corpo ao comer corretamente e ao praticar exercícios físicos, é possível ter atitudes que promovem a saúde mental, como: ter sentimentos positivos para consigo e os outros; aceitar-se e aceitar as outras

Unidade 3 | Higiene

pessoas com suas qualidades e limitações; cuidar da saúde física; reservar um tempo para o lazer e para a convivência com os amigos e com a família; dormir bem.

FONTE: Secretaria da Saúde.

Aplicando conhecimentos

1. Represente, por meio de desenho e da escrita, uma atividade que contribui para a saúde mental.

_____
_____

2. Compare sua resposta com a dos colegas e descubra se há outras atividades que contribuem para a saúde mental. Em seguida, registre uma que chamou a sua atenção.

_____
_____
_____

3. Por que é importante cuidar da saúde mental?

_____
_____
_____

Unidade 3 | Higiene

Momento de investigação

Dormir é importante para a saúde do corpo e da mente.

1. Quantas horas você dorme por dia?
   _____

2. Quantas horas de sono são indicadas para crianças da sua faixa etária?
   _____

3. O que pode acontecer quando uma criança dorme pouco?
   _____
   _____
   _____

4. O que acontece com o nosso corpo enquanto estamos dormindo? Pesquise, se for preciso.
   _____
   _____
   _____

O sono é fundamental para uma vida saudável e para o bem-estar das pessoas, uma vez que contribui para a saúde mental e física e, consequentemente, para a qualidade de vida.

Unidade 3 | Higiene

Comunidade de aprendizes

1. Após compartilhar as respostas que você registrou no "Momento de investigação", converse com um colega sobre os benefícios de dormir bem. Registre, a seguir, as conclusões de vocês.

O que meu colega sabe	O que sabemos em comum

Descobrindo

Os benefícios de dormir bem

O sono é de grande importância para que o organismo mantenha suas funções em harmonia, pois dormir proporciona um período de descanso mental e físico. O corpo relaxa e diminui seus movimentos, porém o cérebro permanece em atividade.

Uma boa noite de descanso auxilia na redução do estresse; melhora a aprendizagem e a criatividade; contribui para o crescimento e o desenvolvimento de crianças e de adolescentes, pois é no sono profundo que são liberadas substâncias que promovem o crescimento.

Outro benefício de dormir bem está relacionado à defesa do corpo contra substâncias ou microrganismos estranhos ou prejudiciais. Sem um sono adequado, podemos ter problemas para combater infecções virais comuns, como gripes e resfriados. Poucas horas de descanso podem também nos deixar menos produtivos na escola, aumentar o risco de obesidade, causar irritabilidade ou mau humor e diminuir a concentração e a memória. Em casos extremos, podem ocorrer aci-

Unidade 3 | Higiene

dentes ocasionados pelo cansaço e pela falta de atenção.

É uma característica comum aos humanos a alteração da quantidade de horas de sono durante as diferentes fases da vida. Os adultos necessitam, em média, de 7 a 8 horas de sono diárias. Já as crianças necessitam de um período de 9 a 11 horas de sono.

Saiba mais

Há uma série de atitudes que podem contribuir para melhorar o sono. Veja algumas:

- Defina um horário regular para dormir e levantar, mesmo nos fins de semana.
- Antes de dormir, procure ler, meditar, orar ou utilize outra técnica para relaxar.
- Procure não comer tarde demais à noite e dê preferência para uma ceia leve, antes de dormir.
- Evite o uso de rádio, televisão, computador, celular ou *tablet* antes de dormir, bem como deixá-los ligados no quarto, pois a luz ou o som que emitem pode prejudicar o sono.
- Durma em um quarto escuro e silencioso.
- Evite beber muito líquido antes de deitar.
- Pratique exercícios físicos regularmente, mas não em horário próximo ao de dormir.

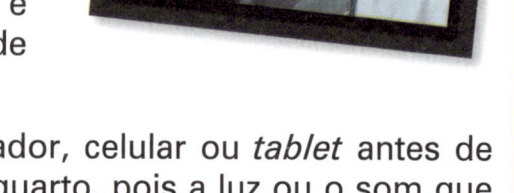

Aplicando conhecimentos

1. O sono traz benefícios para a saúde humana. Você concorda com essa afirmação? Assinale com um X a opção que indica a sua resposta e justifique-a.

( ) Sim ( ) Não

Unidade 3 | Higiene

2. Quantas horas você costuma dormir por dia? Essa quantidade de horas é suficiente para a manutenção da sua saúde? Por quê?

3. Que atitudes podem contribuir para melhorar a qualidade do sono?

4. Quais são as possíveis consequências para o organismo de uma pessoa, quando ela não possui um período adequado de sono?

Momento de investigação

As imagens representam crianças em diferentes momentos. Observe-as.

Unidade 3 | Higiene

150

1. Que outros exercícios físicos você conhece?

2. O exercício físico é importante apenas para deixar o corpo em forma? Explique.

_____
_____
_____

Comunidade de aprendizes

1. Compartilhe com a turma o que você sabe sobre a prática dos exercícios físicos e sua relação com a saúde mental.

2. Registre, por meio da escrita, a conclusão do grupo.

_____
_____
_____
_____
_____
_____

Descobrindo

A importância da prática de exercícios físicos

Há vários fatores que contribuem para a qualidade de vida, entre eles a boa alimentação e os hábitos de higiene, aliados à prática de exercícios físicos. Estes fazem bem tanto para a saúde física quanto para a saúde mental, pois fortalecem o organismo como um todo, promovem o controle do peso, previnem a depressão, diminuem a ansiedade, entre outros pontos positivos.

Exercícios são indicados para todas as idades, mas é necessário avaliar as condições físicas e seguir a orientação de um profissional. Assim, o risco de exagerar e de se prejudicar é reduzido.

O exercício, além de melhorar o condicionamento físico, propicia outros benefícios como: ânimo e sentimento de realização, aumento da motivação, diminuição de sentimentos negativos como a raiva ou a frustração e melhora da vida social. Pesquisas já mostraram que o exercício libera substâncias químicas no cérebro que fazem as pessoas se sentirem bem – aumentando a autoestima, a capacidade de concentração e a qualidade do sono.

O importante é sempre realizar exercícios que sejam prazerosos, de acordo com a preferência pessoal. Andar, correr, pedalar e nadar são boas opções, ainda mais quando combinadas a uma alimentação saudável.

Estar bem alimentado antes da prática esportiva faz uma grande diferença no desempenho, mas é preciso ficar atento ao que comer e à quantidade. O organismo deve estar suprido de proteínas, gorduras e carboidratos. A ausência desse último, por exemplo, está relacionada à fraqueza e ao cansaço, já que esse nutriente fornece energia.

Aplicando conhecimentos

1. Qual esporte você pratica ou gostaria de praticar? Por quê? Represente sua resposta por meio de desenho e da escrita de uma frase.

Unidade 3 | Higiene

2. Realize uma entrevista com um professor de Educação Física de sua escola e registre os dados coletados nas linhas a seguir.

   a) Nome do entrevistado:

   _____

   b) O que são exercícios físicos?

   _____

   _____

   c) Qual a importância de praticar exercícios físicos?

   _____

   _____

   d) Que exercícios são mais indicados para crianças? Por quê?

   _____

   _____

   _____

   _____

   _____

Momento de investigação

1. Você já observou alguma situação como as das imagens a seguir? Onde?

Unidade 3 | Higiene

2. Essas imagens representam cuidado com os ambientes? Justifique.

_____
_____
_____

3. Quais são os motivos para que tais situações aconteçam? O que pode ser feito para evitá-las?

_____
_____
_____

Descobrindo

Lixo domiciliar

O lixo

Você sabe o que é lixo? Podemos dizer que lixo é qualquer material ou substância resultante das atividades humanas e que, de certa forma, perdeu a utilidade, sendo, por isso, descartado. O lixo também pode ser chamado de "resíduo".

Atualmente, o ser humano produz uma grande quantidade de lixo em decorrência do modo de vida que desenvolveu ao longo do tempo, que está relacionado ao consumismo e ao desperdício, o que traz consequências sérias para todos os seres vivos e para o equilíbrio do planeta.

Alguns resíduos podem ser separados e reciclados ou reaproveitados, enquanto outros, por estarem misturados ou terem propriedades muito específicas, geralmente não o são.

Em nossa casa, produzimos o chamado lixo domiciliar, composto por matéria orgânica (restos de alimentos) e embalagens variadas de alimentos e produtos de limpeza.

Quando o lixo orgânico é acumulado e destinado incorretamente, promove a proliferação de doenças, pois contém naturalmente bactérias, fungos e vírus, que são transportados e passados para os seres humanos por insetos, ratos e outros animais atraídos para os ambientes onde são despejados.

Jogado em locais como ruas e rios, o lixo gera problemas como o entupimento dos bueiros, o que, consequentemente, leva a alagamentos. Em situações como

Unidade 3 | Higiene

essa, há perigo de as pessoas apresentarem diarreia e vômito ou contraírem doenças como leptospirose (que está relacionada à urina de roedores) e cólera.

Infelizmente, para muitas pessoas, cuidar do ambiente consiste em retirar o lixo das moradias e despejá-lo em lugares afastados a céu aberto, os lixões. Isso, porém, causa grandes danos ao solo, à água e problemas de saúde para as comunidades próximas. Por isso, os governos devem construir aterros sanitários, locais preparados para receber o lixo adequadamente, além de tomar outras medidas para destinação do lixo.

Lixo em bueiro

Saiba mais

Você sabia que a produção diária de lixo no Brasil chega a cerca de 250 mil toneladas, e que só a cidade de São Paulo gera, por dia, cerca de 19 mil toneladas de dejetos?

Com relação à composição do lixo brasileiro, aproximadamente metade constitui-se de lixo orgânico, um quarto é composto por papel e papelão e o restante é formado por plástico, metais, vidros e outros.

Por isso, é urgente o incentivo à diminuição do consumo e também a implementação de medidas de destinação do lixo orgânico de forma correta, bem como para aumentar consideravelmente a reciclagem em todo o país.

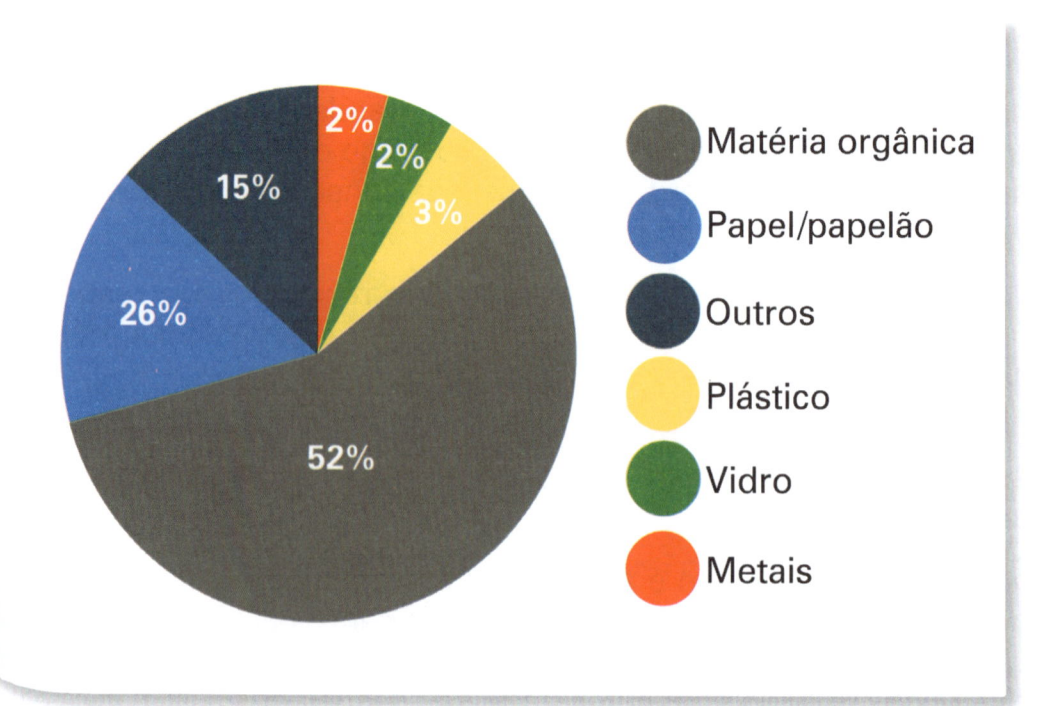

- Matéria orgânica: 52%
- Papel/papelão: 26%
- Outros: 15%
- Plástico: 3%
- Vidro: 2%
- Metais: 2%

FONTE: Cetem.gov.

Unidade 3 | Higiene

155

Aplicando conhecimentos

Você já descobriu que um dos lugares de origem do lixo é a nossa moradia.

1. O lixo produzido nas residências é chamado de "domiciliar". Pesquise com seu professor outros tipos de lixo, de acordo com o local onde são gerados e registre-os.

_____
_____
_____
_____

2. Qual é a relação entre o lixo e a poluição dos rios? Discuta com os colegas e registre as considerações da turma.

_____
_____
_____
_____

3. Você estudou brevemente sobre um dos destinos adequados para o lixo – o aterro sanitário. Pesquise e registre outros dois possíveis destinos, bem como uma caraterística de cada um.

A

Destino:
_____
_____

Característica:
_____
_____
_____

B

Destino:
_____
_____

Característica:
_____
_____
_____

Unidade 3 | Higiene

Momento de investigação

1. Qual a importância das ações retratadas nas imagens para as pessoas e para o planeta?

2. Que outros cuidados com o ambiente devemos ter?

_____

_____

3. Como o cuidado com o ambiente pode contribuir para a qualidade de vida?

_____

_____

_____

Os cuidados com o meio ambiente começam em casa, com pequenas atitudes. Ao economizar água em momentos de higiene, por exemplo, estamos preservando um recurso natural que possibilita a vida. Outros exemplos são: consumir somente o necessário com relação a produtos de todos os tipos; evitar o desperdício de alimentos; reutilizar materiais e reciclar.

Unidade 3 | Higiene

Comunidade de aprendizes

1. Que cuidados você tem com os ambientes que frequenta? Compartilhe sua ideia com os outros colegas e, depois, registre duas atitudes do grupo.

_____
_____
_____
_____

Descobrindo

Cuidados com o meio ambiente

Muitas ações são urgentes para que alcancemos a **sustentabilidade**. Isso significa que temos de sobreviver com o necessário e deixar para as próximas gerações recursos como a água e as florestas, bem como um ambiente favorável para a sua sobrevivência. Para que isso ocorra, são necessárias ações simples, como:

> Sustentabilidade é a capacidade de o ser humano utilizar os recursos (água, madeira, alimentos) de forma equilibrada, sem esgotá-los, permitindo que as gerações futuras tenham acesso aos mesmos recursos.

- planejar bem as compras para evitar o desperdício;
- reduzir a produção de resíduos;
- utilizar os dois lados do papel;
- evitar o uso de copos e de outros utensílios descartáveis;
- escolher produtos com menos embalagens, não descartáveis ou que possuam refil;
- dar preferência às embalagens e sacolas retornáveis para carregar as compras;
- evitar as sacolas plásticas descartáveis;
- reutilizar embalagens e outros produtos, transformando-os em potes para guardar objetos, por exemplo;

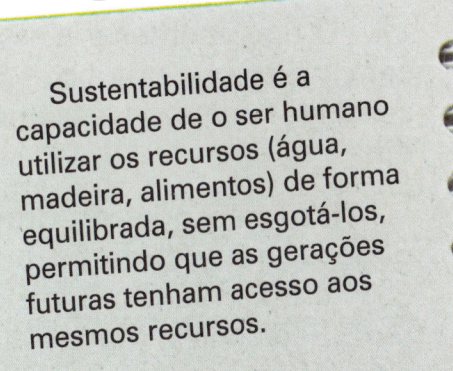

Unidade 3 | Higiene

- doar roupas e sapatos em bom estado;
- realizar a **compostagem**;
- separar plásticos, vidros, metais e papéis para a reciclagem.

Compostagem é um dos modos de transformar os restos de alimentos em adubo.

Exemplo de uma forma de reaproveitar pneus, na organização de uma horta

Resíduos domiciliares como metais, papéis, vidros e plásticos podem ser reciclados. Já os restos de alimentos podem ser aproveitados para a produção de adubo

Saiba mais

A reciclagem é uma velha conhecida da natureza.

O que aconteceria se as folhas das árvores caíssem no solo, no outono, e fossem se acumulando para sempre? "Talvez vivêssemos entre as folhas", alguém diria...

Isso não ocorre porque elas desaparecem, aos poucos, em virtude do processo de decomposição. É o que se dá, também, com os animais que morrem. Bactérias e fungos alimentam-se dessa matéria e transformam seus componentes em outras substâncias, as quais retornam para o solo e ficam disponíveis para os seres vivos, como as plantas e pequenos animais. Esse é o princípio da reciclagem.

Folha em decomposição depois de meses

Aplicando conhecimentos

1. Observe o pátio do colégio antes e ao término do intervalo (recreio) e, depois, resolva as atividades propostas.

a) Há alguma diferença nesse ambiente nos dois momentos em que a turma visitou esse espaço? Registre suas considerações.

_____
_____
_____

b) Os resíduos produzidos durante o intervalo (recreio) foram depositados nos locais apropriados? Explique sua resposta.

_____
_____
_____

c) O que pode ser feito para reduzir a quantidade de resíduos (lixo) produzidos durante o intervalo (recreio)? Discuta com os colegas e registre uma possibilidade.

_____
_____
_____
_____

2. Observe, durante o período de um dia, o lixo produzido em sua casa. Depois, com o auxílio de um adulto de sua família, realize as atividades.

a) Quanto sua família produz de lixo em um dia? Registre sua estimativa (em quilos).

_____

b) Sua família possui o hábito de separar o lixo orgânico do reciclável? Como isso ocorre?

_____
_____
_____

c) Há coleta seletiva do lixo no bairro onde você mora?

_____

Unidade 3 | Higiene

d) Se a resposta anterior for positiva, em que dias da semana é recolhido:

- o lixo orgânico?

_____

- o lixo reciclável?

_____

e) Solicite a ajuda de um adulto para pesar a quantidade de lixo produzido pela sua família em um dia. Registre essa quantidade no visor da balança.

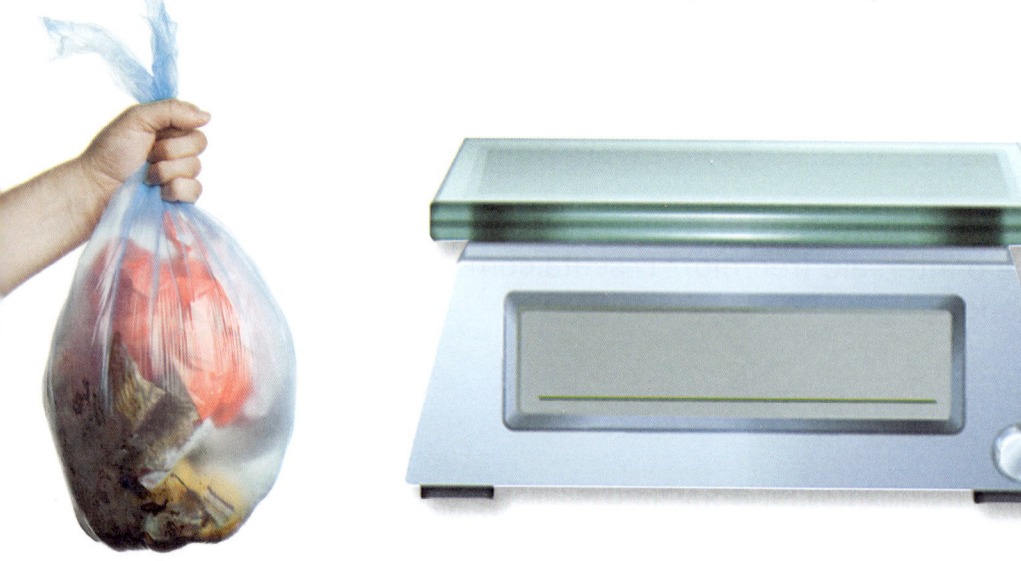

f) Que tipo de lixo é produzido em maior quantidade na sua casa? Utilize o Encarte 16 para indicar a resposta, colando as imagens sobre os pratos da balança.

Unidade 3 | Higiene

161

g) De que modo você e sua família podem reduzir a quantidade de lixo produzida diariamente? Registre duas ações práticas que possam ser adotadas de imediato.

_____
_____
_____
_____

3. Pesquise e descubra se há, em sua cidade, locais de coleta seletiva de remédios, de pilhas e de baterias. Em seguida, se houver, registre onde ocorre essa coleta.

a) Remédios vencidos:

_____
_____

b) Pilhas e baterias:

_____
_____

4. Analise a imagem a seguir.

a) Você já observou coletores de lixo semelhantes a esses? Onde?

_____
_____

b) Pesquise qual o significado das cores desses coletores de lixo.

_____

Unidade 3 | Higiene

162

5. Utilize as imagens do Encarte 17 para simular a coleta seletiva de lixo, colando-as nos espaços correspondentes.

Unidade 3 | Higiene

Registrando as descobertas

1. Construa um mapa mental, do seu jeito, para indicar o que você aprendeu. Utilize os recursos disponibilizados no Encarte 18 para ilustrá-lo.

Encartes

Encarte 1 — Página 21

Encarte 2 — Página 25

CORPO HUMANO

- Características físicas pessoais
  - Comuns
  - Individuais
- Partes do corpo
  - Cabeça, tronco e membros
  - Esqueleto

Proteção   Sustentação   Locomoção

Encarte 3   Página 33

Encartes
167

Nome:

Turma:

Encartes

Encarte 4 — Página 35

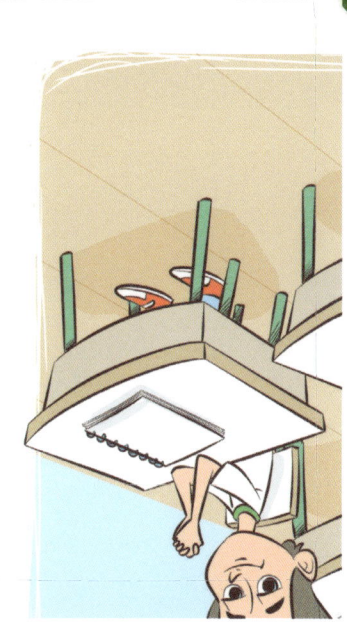

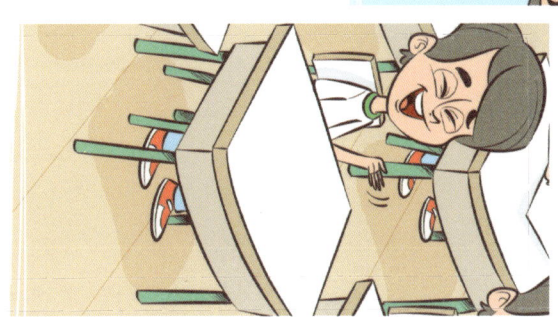

169

Encarte 5 — Página 39

CARACTERÍSTICAS INDIVIDUAIS

- Diversidade
- Pessoas com deficiência
- Herança genética

Respeito · Preferências · Convivência · DNA · Características físicas

Familiares · Acessibilidade · Direitos

Encartes

Encarte 6 **Página 50**

A V A N I C

Encarte 7 **Página 57**

CIENTISTAS

Experiências Investigação Invenção

Descobertas Instrumentos Vacina

Encarte 8 — Página 64

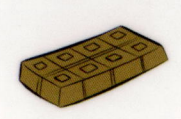

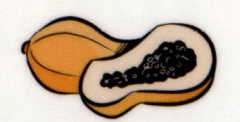

Encartes
173

Encarte 9 — Página 68

Encartes

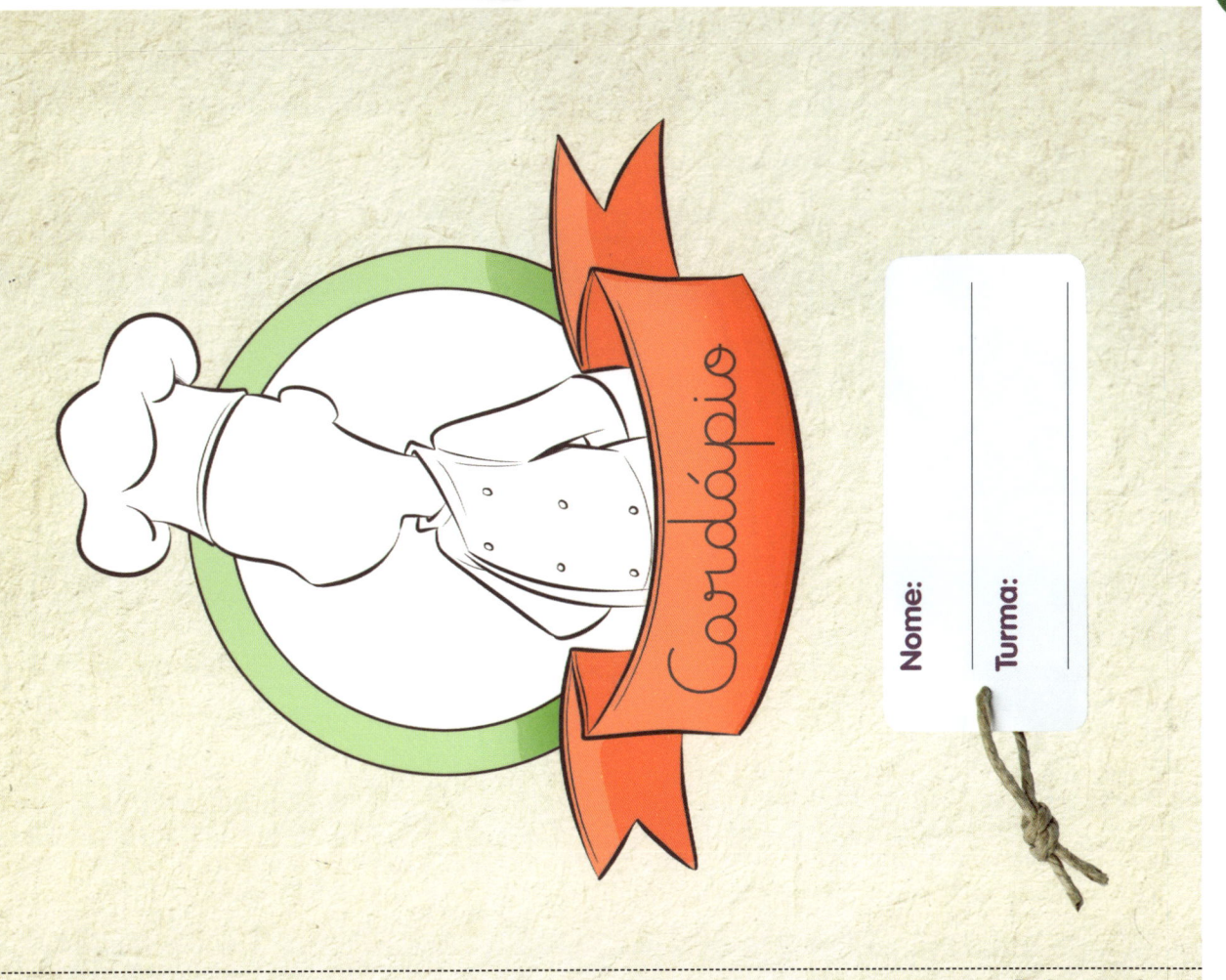

Encarte 9 **Página 68**

175

Cardápio

Nome:

Turma:

Dobre aqui

Almoço

Café da manhã

Lanche

Jantar

Encartes

Encarte 10 Página 82

Encarte 11 Página 96

Encarte 12   Página 115

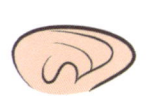

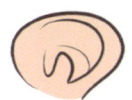

Encartes
179

SENTIDOS

Órgãos   Interação   Prevenção

Encartes

Encarte 13 — Página 128

Encarte 14 — Página 133

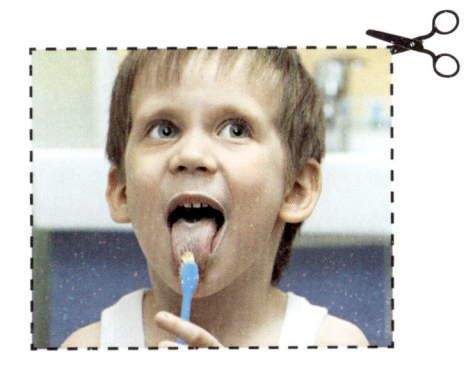

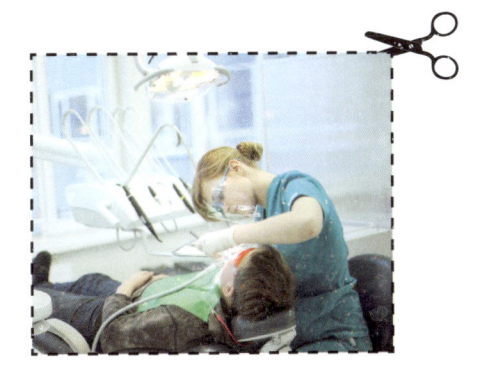

181

Encartes

183

Encarte 15 **Página 142**

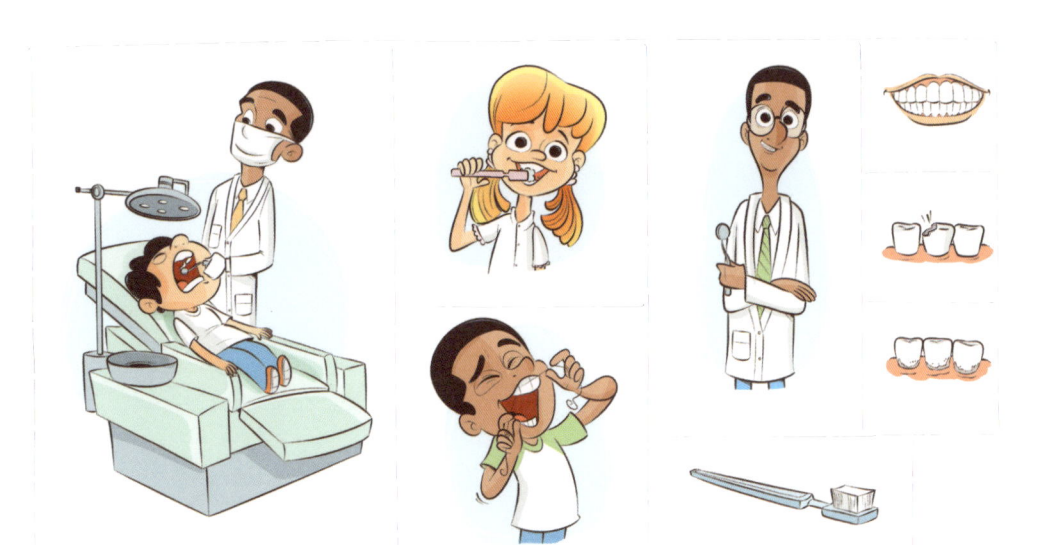

Encarte 16 **Página 160**

Lixo reciclável

Lixo não reciclável

Encartes

Encarte 17 — Página 162

Encarte 18 — Página 163

Lista de créditos

UNIDADE 1

PÁGINA	DESCRIÇÃO	CRÉDITO
04	Representação de uma boca mostrando a língua	Shutterstock	Ivelly
06	Pavão	Shutterstock	Amelaxa
	Onça	Shutterstock	Rudi Hulshof
	Pintinho	Shutterstock	Anneka
	Menina sentada em frente ao espelho	Shutterstock	Jenn Huls
	Rato	Shutterstock	Maslov Dmitry
	Vaca	Terrastock	Gerson Sobreira
07	Rato	Shutterstock	Maslov Dmitry
	Espelho	Shutterstock	Jocic
08	Filhote de gato em frente ao espelho	Shutterstock	Ewais
	Macaco olhando o reflexo no espelho	iStockphoto	Peters99
	Pássaro observando o seu reflexo	Shutterstock	RedTC
	Cachorro olhando o seu reflexo	Latinstock	Angela Hampton Picture Library	Alamy
09	Cachorro em frente ao espelho	Shutterstock	Eric Isselee
10	Menina em frente ao espelho	Shutterstock	Tatiana Grozetskaya
	Menino em frente ao espelho	Shutterstock	Librakv
	Lápis de cor	Shutterstock	Nattika
	Recorte de imagens de bocas	Shutterstock	Anna Omelchenko
11	Recorte de imagens de olhos	Shutterstock	Ollyy
	Crianças deitadas	Shutterstock	Veronica Louro
12	Menina com as mãos no ombro	Shutterstock	Marcos Mesa Sam Wordley
	Menino segurando o pé tentando se equilibrar	Shutterstock	Gladskikh Tatiana
	Textura	Shutterstock	J.D.S
13	Notas musicais	Shutterstock	Ramona Kaulitzki
	Menino deitado escrevendo em caderno	Shutterstock	5 second Studio
14	Recorte de imagens com rostos de crianças	Shutterstock	YanLev
	Menina sorrindo	Shutterstock	MackyRB
	Menino de óculos com a mão no queixo	Shutterstock	DenisFilm
	Menina com tranças no cabelo	Shutterstock	YuG
	Menino segurando muda de planta	Shutterstock	TinnaPong
	Menino sorrindo	Shutterstock	Samuel Borges Photography
	Menino segurando muda de planta	Shutterstock	TinnaPong
	Menina sentada no sofá com caderno na mão	Shutterstock	Yuriy Rudyy
15	Obra de Arte, *Os Operários*, de Tarsila do Amaral	Rômulo Fialdini	Tempo Composto
16	Tintas	Shutterstock	Subbotina Anna
	Obra de Arte, *Fotografia*, de Tarsila do Amaral	Rômulo Fialdini	Tempo Composto
17	Menino deitado lendo	Shutterstock	Anna Grigorjeva
18	Crianças	Shutterstock	2xSamara.com
	Menina esticando o braço na lateral do corpo	Shutterstock	Syda Productions
19	Notas musicais	Shutterstock	AlexVector
	Menina pulando corda	Shutterstock	Olga Sapegina

Lista de créditos

PÁGINA	DESCRIÇÃO	CRÉDITO
20	Crianças pulando corda	Shutterstock | Vladislav Gajic
	Corda	Shutterstock | AJT
21	Menina com corda na mão	Shutterstock | Yuri Tuchkov
	Grama	Shutterstock | Natykach Nataliia
22	Esqueleto	Latinstock | Science Picture Co. | Corbis
23	Esqueleto sentado	Shutterstock | Ralf Juergen Kraft
24	Esqueleto	Latinstock | Roger Harris | SPL
	Lápis de cor	Shutterstock | Urfin
26	Crianças	Shutterstock | Brocreative
	Mapa com pessoas no lugar de países	Shutterstock | Denis Cristo
27	Crianças pulando	Shutterstock | Luis Louro
28	Família sentada em gramado	Shutterstock | Monkey Business Images
	Família abraçada	Shutterstock | Monkey Business Images
	Família sentada no sofá	Shutterstock | Imtmphoto
	Menina sorrindo	Shutterstock | Elena Stepanova
	Menina mostrando a língua	Shutterstock | Radharani
	Representação do DNA	Latinstock | Science Faction | Masterfile
	Textura com DNA	Shutterstock | Kjpargeter
29	Crianças passeando	Shutterstock | Pressmaster
	Menina sorrindo	Shutterstock | Pixelheadphoto
	Menina com a mão na orelha	Acervo Editora
	Menino com microfone	Shutterstock | BonD80
	Menina com lupa	Shutterstock | Iko
	Menina com as mãos para frente e dedo polegar para cima	Shutterstock | Alexis Kapsaskis
	Mãos para o alto	Shutterstock | Rawpixel
30	Digitais	Latinstock | Todd-White Art Photography
	Polegar mostrando a digital	Shutterstock | Ilya Akinshin
31	Mãos de criança com tinta colorida	Shutterstock | Infografick
36	Rampa de acessibilidade	Shutterstock | Mrcmos
	Criança com síndrome de Down em sala de aula	Latinstock | Lauren Shear | SPL
	Sala de aula com aluno cadeirante	Shutterstock | Wavebreakmedia
	Menino conversando em língua de sinais	Latinstock | Leo Drumond | Nitro
37	Menino abraçando criança com necessidades especiais	Shutterstock | Olesia Bilkei
	Criança lendo em Braille	Shutterstock | Mykola Komarovskyy
38	Símbolo Internacional de Acesso (SAI) no asfalto	Shutterstock | Paolo Bona
	Calçada com alerta tátil	Shutterstock | Izf
	Piso tátil	Shutterstock | Sunsetman
	Semáforo sonoro	Pulsar Imagens | Alexandre Tokitaka
40	Cientistas com livro na mão	Shutterstock | Syda Productions
	Cientistas com sapo nas mãos	Shutterstock | Mila Supinskaya
	Cientista analisando asa de uma ave	Latinstock | Pete Oxford | Minden Pictures
	Cientistas testando experimentos	Shutterstock | Shots Studio
	Cientista analisando amostra de plantas	Shutterstock | Budimir Jevtic
	Cientista em computador fazendo pesquisa	Shutterstock | Wavebreakmedia
	Textura de um muro	Shutterstock | Peshkova
41	Representação de Isaac Newton	Shutterstock | Georgios Kollidas
	Representação de Vital Brazil	Shutterstock | Georgios Kollidas
	Fotografia de Thomas Edison	Latinstock | Library Of Congress | SPL

Lista de créditos

PÁGINA	DESCRIÇÃO	CRÉDITO
42	Cientistas coletando dados sobre a qualidade do ar	Latinstock | Ted Spiegel | Corbis
	Cientistas coletando amostra do solo	Latinstock | Carlos Munoz Yague | SPL
	Crianças fazendo experimentos	Shutterstock | Kiselev Andrey Valerevich
43	Grãos de feijão-preto	Shutterstock | St22
	Grãos de feijão com caruncho	Shutterstock | D. Kucharski K. Kucharska
	Feijão com caruncho	Latinstock | Blickwinkel | Alamy
45	Lanterna	Shutterstock | Petr Malyshev
	Lápis de cor	Shutterstock | Oksana2010
46	Cientista testando as amostras	Shutterstock | Angellodeco
	Cientista medindo peixe	Latinstock | David Hay Jones | SPL
	Cientistas em cima de redes	Latinstock | Philippe Psaila | SPL
	Cientistas analisando amostras e no microscópio	Shutterstock | Matej Kastelic
47	Homem com lupa analisando inseto	Latinstock | Philippe Psaila | SPL
	Cientista anotando resultado de amostras	Shutterstock | Alexander Raths
	Crianças	Acervo Editora
48	Crianças sorrindo	Shutterstock | Rawpixel.com
49	Lápis de cor	Shutterstock | Grafvision
	Mão segurando lupa em cima de impressão digital	Shutterstock | Prazis
50	Criança segurando cachorro para tomar vacina	Shutterstock | VP Photo Studio
	Cordeiro sendo vacinado	Shutterstock | Arina P Habich
	Vacinação oral em crianças	Shutterstock | Asianet-Pakistan
	Cavalo sendo vacinado	Shutterstock | Pirita
	Gato sendo vacinado	Shutterstock | VP Photo Studio
	Médica vacinando criança	Shutterstock | Sergey Nivens
51	Vidro de remédio e seringa	Shutterstock | Hatchapong Palurtchaivong
	Seringa e vidros de vacina	Shutterstock | RidvanArda
52	Menino com paralisia infantil	Latinstock | Steve Raymer | Corbis
53	Mão segurando seringa e frascos para vacina	Shutterstock | Sacura
	Criança sendo vacinada via oral	Shutterstock | Sergei Telegin
	Criança sendo vacinada via percutânea	Latinstock | USAID | Alamy
	Representação de Edward Jenner aplicando vacina	Latinstock | Akg-Images
54	Lápis de cor	Shutterstock | Kamomeen
55	Médico observando chapa de raio-X	Shutterstock | Minerva Studio
	Máquina eletrônica de passar cartão magnético	Shutterstock | Stanislav Vinogradov
	Representação de *internet*	Shutterstock | Beboy
	Avião	Shutterstock | MO_SES Premium
58-59	Frutas, verduras, peixe, frango, leite	Shutterstock | Nehopelon
	Mão segurando talheres	Shutterstock | Nipastock
60	Família em momento de refeição	Shutterstock | Wavebreakmedia
	Família reunida no café da manhã	Shutterstock | Andrey_Popov
	Crianças tomando café da manhã	Shutterstock | Thomas M Perkins

UNIDADE 2

PÁGINA	DESCRIÇÃO	CRÉDITO
61	Menino com urso e cobertor nas mãos	Shutterstock | Varina and Jay Patel
62	Bandeja de café da manhã	Shutterstock | Effe45
63	Café da manhã saudável	Shutterstock | Africa Studio
	Laranja, banana com leite e aveia, banana, café com leite, leite com cereais	Shutterstock | Carmen Steiner
65	Menina tomando café da manhã	Shutterstock | Tatyana Vyc
	Mãe e filha comendo melancia	Shutterstock | Wavebreakmedia
	Família almoçando	Shutterstock | Spotmatik Ltd
	Família em momento de refeição	Shutterstock | Monkey Business Images
	Família em mesa de almoço	Shutterstock | Dragon Images
	Menino bebendo leite	Shutterstock | Melica
	Criança com verduras nas mãos	Shutterstock | Signed model
66	Recipiente com salada	Shutterstock | Lukas Gojda
67	Colheres com grãos em cima	Shutterstock | Amphaiwan
	Recipiente com sopa	Shutterstock | Oksana2010
	Vidro de azeite e azeitonas	Shutterstock | Luis Carlos Jimenez del rio
	Café da manhã saudável	Shutterstock | MaraZe
	Prato de almoço saudável	Shutterstock | Luiz Rocha
	Prato de frango grelhado e salada	Shutterstock | B. and E. Dudzinscy
	Criança com roupas e espátula de cozinheiro	Shutterstock | Lenetstan
68	Garfo e faca	Shutterstock | David W. Leindecker
69	Pães	Shutterstock | Hurst Photo
	Frutas	Shutterstock | Monticello
	Peixe, ovos e carnes	Shutterstock | Hurst Photo
	Verduras	Shutterstock | LorenzoArcobasso
	Amendoim	Shutterstock | Elena M. Tarasova
	Leite, queijo e ovos	Shutterstock | Valentyn Volkov
70	Frutas	Shutterstock | R.legosyn
	Menina com a mão abaixo do queixo	Shutterstock | Doublephoto Studio
71	Sistema digestivo	Latinstock | Sebastian Kaulitzki | Alamy
	Intestino grosso	Latinstock | SPL
72-73	Laranja	Shutterstock | Bikeriderlondon
	Frutas, verduras e bebidas	Shutterstock | Stockphoto-graf
74	Lápis de cor e aparas de lápis	Shutterstock | Xavalote
75	Água	Shutterstock | Przemyslaw Ceynowa
	Menina apontando para painel	Shutterstock | DenisNata
	Frutas e verduras	Shutterstock | Maksim Shmeljov
76	Pizza	Shutterstock | Anna Hoychuk
	Pães e prato com macarrão	Shutterstock | Stocksolutions
	Cachorro-quente e batatas fritas	Shutterstock | Christian Draghici
	Tigela com salada	Shutterstock | Africa Studio
	Hambúrguer, refrigerante, batatas fritas, *ketchup* e sal	Shutterstock | Christian Draghici
	Prato com arroz, feijão, carne e salada	Shutterstock | Diogoppr
	Alimentos espetados em garfos	Shutterstock | Oliver Hoffmann

Lista de créditos

PÁGINA	DESCRIÇÃO	CRÉDITO
77	Porção de *bacon* frito	Shutterstock | Bottaci
	Copos com sucos de frutas	Shutterstock | Anna Kucherova
	Donuts de chocolate	Shutterstock | Sergey Skleznev
	Manteiga	Shutterstock | Multiart
	Brigadeiros	Shutterstock | Diogoppr
	Salada	Shutterstock | Nitr
78	Doces e balas	Shutterstock | Elena Schweitzer
79	Colher com açúcar	Shutterstock | Brian A Jackson
	Gráfico de alimentos	Latinstock | SPL
	Menino segurando cartaz	Shutterstock | Windu
80	Chocolate derretido	Shutterstock | Freesoulproduction
	Lata de refrigerante	Shutterstock | Fotofermer
	Barra de chocolate	Shutterstock | Rvlsoft
81	Frutas e verduras	Shutterstock | VictoriaKh
	Menina segurando copo com água	Shutterstock | Jeka
83	Frutas lavadas	Shutterstock | Irina Fischer
	Alface sendo lavada	Shutterstock | Photographee.eu
	Banana sendo lavada	Shutterstock | Djem
84	Frutas na água	Shutterstock | Jag_cz
	Rabanetes	Thinkstock | Bernhard Richter
	Batatas	Latinstock | Myles New
	Cenouras	Latinstock | SPL
	Terra preta	Shutterstock | GongTo
85	Família em feira de verduras	Shutterstock | Monkey Business Images
	Mão segurando representação de seres patogênicos	Shutterstock | Lightspring
	Colheita de maçãs	Latinstock | Granville Davies | Loop Images
	Colheita de uva	Latinstock | D A Barnes | Alamy
	Colheita de cana-de-açúcar	Latinstock | Jim West | Alamy
	Pessoas no mercado	Shutterstock | Wavebreakmedia
86	Pessoas em uma cozinha industrial	Shutterstock | Wavebreakmedia
87	Travessa com água sanitária e colher	Shutterstock | Baldube
88	Mulher cozinhando	Shutterstock | Jill Chen
	Pessoa desfiando peixe	Shutterstock | Alexander_Dyachenko
	Pai e filha lavando verduras	Shutterstock | Dragon Images
	Equipe de cozinheiros	Shutterstock | Tyler Olson
89	Indústria de alimentos	Shutterstock | Maurizio Milanesio
	Lata de alimentos em conserva	Shutterstock | Zelenskaya
	Plantação de milho	Shutterstock | Inacio Pires
	Plantação de ervilha	Shutterstock | Vlad Siaber
90	Frutas	Shutterstock | R.legosyn
	Vidro de palmito em conserva	Shutterstock | Vinicius Tupinamba
	Caixa de leite	Shutterstock | 3DSguru
	Menina segurando verduras com as mãos	Shutterstock | In Green

Lista de créditos

PÁGINA	DESCRIÇÃO	CRÉDITO
92	Mulher segurando vidro de conserva	Shutterstock	Niki Love
	Família em mercado	Latinstock	2005 John Anthony Rizzo	Uppercut RF
	Homem segurando caixa de cereais	Shutterstock	Wavebreakmedia
	Homem segurando embalagem de carne	Shutterstock	Monkey Business Images
	Mulher vendo informação nutricional de embalagem	Shutterstock	Diego Cervo
	Mulher segurando criança e vendo embalagem de suco	Shutterstock	Aleph Studio
93	Carrinho de supermercado com compras	Shutterstock	Levent Konuk
94	Comida enlatada	Shutterstock	Africa Studio
	Comida em conserva	Shutterstock	Sam100
	Menina com as mãos no abdômen com expressão de dor	Shutterstock	Sunabesyou
95	Corredor de um supermercado	Shutterstock	Ksw Photographer
96	Família em mercado com molho de tomate em mãos	Shutterstock	Iakov Filimonov
97	Textura	Thinkstock	OttoKrause
	Ilustração representando os cinco sentidos	Shutterstock	Brookm
	Crianças comendo	Shutterstock	Monkey Business Images
	Família assistindo televisão com óculos 3-D	Shutterstock	Goodluz
	Menino com fones de ouvido e aparelho de som, escutando música	Shutterstock	Matka_Wariatka
	Menina cheirando flor	Shutterstock	Mila May
	Menina abraçando cachorro	Shutterstock	Michael Pettigrew
98	Homem e criança cheirando flor	Shutterstock	Altanaka
	Boca, mão, orelha, nariz e olho	Latinstock	Shotshop GmbH	Alamy
	Olho de criança	Shutterstock	Iloullnw
99	Mão	Shutterstock	5 Second Studio
100	Mão	Shutterstock	Matthias G. Ziegler
	Pés	Shutterstock	Gravicapa
	Criança com as mãos no rosto	Shutterstock	Wavebreakmedia
	Leitura em Braille	Latinstock	Lawrence Lawry	Science Photo Library
	Menino tomando sorvete	Shutterstock	Photobank Gallery
	Bebê segurando cartaz	Shutterstock	Donot6_Studio
102	Gato	Shutterstock	Rosa Jay
	Formigas	Latinstock	Ian Cuming	SPL
	Lesma	Shutterstock	Tlorna
	Crianças brincando com as mãos nos olhos	Shutterstock	Angiolina
	Menina no celular	Shutterstock	Yuriy Rudyy
	Menina com binóculo	Shutterstock	Blacqbook
	Criança no fone de ouvido	Shutterstock	Sirikorn Thamniyom
	Menino com lupa	Shutterstock	Voyagerix
	Meninas falando no ouvido uma da outra	Shutterstock	Mat Hayward
103	Recorte de imagens de olhos	Latinstock	Moodboard	Alamy
	Pessoa segurando cartaz com a foto de um olho	Shutterstock	Xavier Gallego Morell
104	Olho	Shutterstock	Lukas Gojda
	Representação do orifício da pupila	Latinstock	SPL

Lista de créditos

PÁGINA	DESCRIÇÃO	CRÉDITO
105	Representação da estrutura do ouvido humano	Latinstock | Encylopaedia Britannica | Alamy
	Brinquedos giratórios	Latinstock | Robert Holmes | Corbis
	Crianças sorrindo e brincando de rodar	Shutterstock | Pavel L Photo and Video
	Representação de ilusão de ótica (esquerda)	Shutterstock | Guten Tag Vector
	Representação de ilusão de ótica (direita)	Shutterstock | Guten Tag Vector
106	Representação de teste de visão de ótica	Shutterstock | DiskoVisnja
	Textura	Shutterstock | Goja1
	Vaca	Shutterstock | Worldpics
	Gato	Shutterstock | Otsphoto
	Menino sorrindo	Shutterstock | Mimagephotography
	Mão segurando um celular	Thinkstock | Denys Prykhodov
107	Textura	Shutterstock | Take Photo
	Menina comendo maçã verde	Shutterstock | Darren Baker
	Menino tampando o nariz e segurando um tênis	Shutterstock | Gelpi JM
	Menina comendo pão	Shutterstock | Szefei
	Menina cheirando uma flor	Shutterstock | Tratong
	Menino lambendo um limão	Shutterstock | Gelpi JM
	Menino cheirando bolinhos	Shutterstock | Gosphotodesign
108	*Spray* com flores	Shutterstock | Er Ryan
	Representação de uma língua com papilas gustativas	Latinstock | BSIP | Corbis
109	Meninas comendo lanches saudáveis	Shutterstock | Monkey Business Images
	Manga	Shutterstock | Maks Narodenko
110	Criança	Shutterstock | Artsplav
	Cachorro cheirando grama	Shutterstock | AnetaPics
	Guardas com cães farejadores	Latinstock | SPL
111	Maçãs	Shutterstock | Valentyn Volkov
	Batatas	Shutterstock | Deep OV
112	Mulher segurando uma panela e tampando o nariz	Shutterstock | Iakov Filimonov
	Ambulância	Shutterstock | OgnjenO
	Homem lendo mapa	Shutterstock | Jyliana
	Homem balançando o braço	Latinstock | SPL
	Mulher com a língua para fora, segurando uma colher	Shutterstock | Vladimir Gjorgiev
	Mão com luvas tirando forma de bolo do forno	Shutterstock | Stanislav Duben
113	Pedaço de pão com bolor	Shutterstock | WithGod
	Menino tampando o nariz	Shutterstock | Pathdoc
114	Botijão de gás	Shutterstock | Gencho Petkov
116	Produtos de higiene	Shutterstock | Ifong
116 - 117	Pessoa lavando as mãos	Shutterstock | Africa Studio
117	Mãe cortando as unhas da filha	Shutterstock | Ilike
	Menino tomando banho	Shutterstock | VaLiza
	Menina passando fio dental nos dentes	Shutterstock | Gorillaimages

UNIDADE 3

PÁGINA	DESCRIÇÃO	CRÉDITO
118	Água	Shutterstock | Pawel Michalowski
	Menino segurando o chuveirinho em cima da cabeça	Shutterstock | Oleg Mikhaylov
	Criança ensaboando o cabelo	Shutterstock | Karen H. Ilagan
	Criança na banheira	Shutterstock | Marlon Lopez MMG1 Design
	Criança em banheira com chuveiro ligado	Shutterstock | Sashahaltam
	Menina deixando a água cair no rosto	Shutterstock | Tatyana Vyc
	Bebê em banheira tomando banho	Acervo Editora
119	Produtos para banho de bebê	Shutterstock | Anna Aybetova
120	Chuveiro	Shutterstock | Kuttelvaserova Stuchelova
	Menina com trajes de banho e toalha na cabeça	Shutterstock | Tatyana Vyc
121	Mãos cortando unha de criança	Shutterstock | Ilya Andriyanov
	Roupas em varal	Shutterstock | GoodMood Photo
	Menina indígena tomando banho em rio	Pulsar Imagens | Luciola Zvarick
	Espuma	Shutterstock | Shebeko
122	Lápis de cor	Shutterstock | Nattika
124	Mãos plantando	Shutterstock | Yuris
	Mãos mexendo no motor de carro	Shutterstock | Sima
	Mãe cortando unha de menina	Shutterstock | Ilike
	Mãe cortando unha de bebê	Shutterstock | Osokina Liudmila
126	Representação de uma torneira	Shutterstock | VERSUSstudio
	Embalagens plásticas coloridas	Shutterstock | Elena Itsenko
	Produtos de higiene	Shutterstock | Africa Studio
	Produtos de banho	Shutterstock | Africa Studio
	Chuveiro	Shutterstock | Fotoali
	Torneira com água correndo	Shutterstock | Gyorgy Barna
	Menino ensaboando cabelo	Shutterstock | Oksanako84
126-127	Água	Shutterstock | Anatoly Tiplyashin
	Sabonetes	Shutterstock | Africa Studio
127	Mãos segurando embalagem de xampu e despejando	Shutterstock | Your Design
	Gota caindo em um porco de plástico com água	Shutterstock | Cglandmark
129	Textura	Shutterstock | Katerina Pereverzeva
	Criança escovando os dentes	Shutterstock | Anurak Pongpatimet
	Criança com escovas de dentes nas mãos	Shutterstock | Dave Pot
	Criança escovando os dentes	Shutterstock | Wavebreakmedia
130	Menina sorrindo	Shutterstock | Didesign021
131	Dentes antes e após o tratamento para cáries	Shutterstock | Lighthunter
	Restauração do dente molar com a obturação composta	Shutterstock | Botazsolti
	Representação dos sinais de cáries	Shutterstock | Maxi_m
	Representação de gengiva saudável e com infecções	Latinstock | Stocktrek Images | Corbis
132	Crianças escovando os dentes	iStockphoto | PeopleImages
	Menina passando fio dental	Acervo Editora
	Dentista cuidando dos dentes de uma criança	Shutterstock | Wavebreakmedia
134	Menino com evidenciador de placa bacteriana	Shutterstock | Rob Byron
	Utensílios de dentista	Shutterstock | Nata-Lia

Lista de créditos

PÁGINA	DESCRIÇÃO	CRÉDITO
135	Pasta de dente e escova de dente	Shutterstock | Johnfoto18
	Fio dental	Shutterstock | El Lobo
	Flúor dental	Shutterstock | Sorapop Udomsri
136	Mãos colocando pasta de dente em escova	Shutterstock | Ra3rn
	Frutas e verduras	Shutterstock | Monticello
137	Balcão com pia de banheiro	Shutterstock | Photographee.eu
138	Crianças representando a queda do dente de leite	Acervo Editora
	Bebê com dente de leite nascendo	Acervo Editora
139	Boca aberta	Shutterstock | Rocketclips, Inc.
	Representação da arcada dentária	Shutterstock | Alila Medical Media
	Criança sendo amamentada pelo leite materno	Shutterstock | Wong Sze Yuen
140	Criança em dentista	Shutterstock | Diego Cervo
	Dentista consultando criança	Shutterstock | Santypan
	Dentista mexendo na boca de menino	Shutterstock | Srdjan Fot
141	Dentista com molde de dente e escova em mãos	Shutterstock | Kurhan
	Dentadura	Shutterstock | Artur e M
	Protético cuidando de próteses de dente	Shutterstock | Robert Przybysz
	Mãos fazendo prótese de dente	Shutterstock | Robert Przybysz
	Mulher em dentista segurando espelho	Shutterstock | RossHelen
142	Balões de diálogo	Shutterstock | Fajne Obrazki
143	Textura	Shutterstock | TairA
	Menina lendo livro	Shutterstock | Wong Sze Yuen
	Crianças brincando na areia	Shutterstock | BlueOrange Studio
	Menina brincando em balanço	Shutterstock | Samuel Borges Photography
	Meninos jogando bola	Shutterstock | Fotokostic
	Menina fazendo bolinhas de sabão	Shutterstock | Nmedia
	Crianças brincando de cabo de guerra	Shutterstock | Diego Cervo
144	Família reunida lendo para os filhos	Shutterstock | Wavebreakmedia
146	Criança deitada dormindo	Shutterstock | YuryImaging
	Cama	Shutterstock | Ljupco Smokovski
147	Menino dormindo com ursinho	Shutterstock | Deyan Georgiev
148	Menina dormindo	Shutterstock | Monkey Business I
	Criança deitada com despertador ao lado	Shutterstock | Yuriy Rudyy
149	Crianças jogando futebol	Shutterstock | Crystal Kirk
	Menina jogando tênis	Shutterstock | Andresr
	Criança fazendo natação	Shutterstock | Saisnaps
150	Meninos praticando atletismo	Shutterstock | Denis Kuvaev
	Crianças praticando ciclismo	Shutterstock | Tumar
	Crianças praticando artes marciais	Shutterstock | Ververidis Vasilis
	Menina fazendo alongamento	Shutterstock | Oksana Kuzmina
151	Acessórios para esportes	Shutterstock | Zarya Maxim Alexandrovich
152	Poluição no chão	Shutterstock | Burlingham
	Poluição em praia	Shutterstock | Maciej Bledowski
	Lixeira transbordando de lixo	Shutterstock | Kuzma
153	Lixo domiciliar	Shutterstock | Levent Konuk
154	Bueiro com lixo	Shutterstock | Rootstock
155	Lápis de escrever	Shutterstock | Hong Vo

Lista de créditos

PÁGINA	DESCRIÇÃO	CRÉDITO
156	Pessoas coletando lixo em praia Crianças separando lixo Família coletando lixo em parque Menina beijando globo terrestre com lixos recicláveis em frente	Shutterstock | Asia Images Shutterstock | Wavebreakmedia Shutterstock | Hanoi Photography Shutterstock | Auremar
157	Mãos segurando uma árvore	Shutterstock | CHOATphotographer
158	Pneus transformados em hortas Lixo reciclável Folhas Folha em decomposição	Shutterstock | NanD_Phanuwat Shutterstock | Photka Shutterstock | Jag_cz Shutterstock | Bruce Amos
159	Sacos de lixo e lixeiras com conteúdo transbordando	Shutterstock | Artieskg
160	Mão segurando um saco com lixo Representação de uma balança Fundo de uma sala Balança antiga	Shutterstock | Colors Shutterstock | BlueRingMedia Shutterstock | Iraidka Shutterstock | Vicente Barcelo Varona
161	Fundo de um jardim Lixeiras de reciclagem	Shutterstock | Scottchan Shutterstock | Hobbit
162	Representação de lixeiras de reciclagem Representação de grama	Shutterstock | Alexandr III Shutterstock | Vertyr

ENCARTES

PÁGINA	DESCRIÇÃO	CRÉDITO
181	Menino escovando os dentes Menino escovando a língua Menina passando fio dental Criança no dentista	Shutterstock | 3445128471 Shutterstock | Sergey Ryzhov Shutterstock | AAraujo Shutterstock | Anna Jurkovska
183	Saco de lixo	Shutterstock | Magicoven

REFERÊNCIAS

ACADEMY OF GENERAL DENTISTRY. **Daily tips for good oral hygiene**. Disponível em: <http://www.knowyourteeth.com/infobites/abc/article/?abc=D&iid=184&aid=3806>. Acesso em: 16 dez. 2015.

_____. **Why is brushing with toothpaste important?** Disponível em: <http://www.knowyourteeth.com/infobites/abc/article/?abc=w&iid=184&aid=1218>. Acesso em: 16 dez. 2015.

ARDAGH, P. **Na casa do Leo**: o corpo humano. Tradução de Érico Assis. São Paulo: Companhia das Letrinhas, 2012. 64 p.

ATITUDES SUSTENTÁVEIS. **Algumas maneiras eficientes para preservar o meio ambiente**. Disponível em: <http://www.atitudessustentaveis.com.br/artigos/algumas-maneiras-eficientes-preservar-meio-ambiente/>. Acesso em: 16 dez. 2015.

AUSTRALIA. Government of Western Australia. Mental Health Commission. **Whats is mental health?** Disponível em: <http://www.mentalhealth.wa.gov.au/mental_illness_and_health/mh_whatis.aspx>. Acesso em: 16 dez. 2015.

AZEVEDO, P. W. de; JOFFILY, S. B. Arranjos cognitivos: abrangências e limitações representacionais. **Psicologia: Teoria e Pesquisa**, Brasília, v. 25, n. 4, p. 595-601, out./dez. 2009.

BATTISTELLA, L. R. **Conceito de deficiência segundo a convenção da ONU e os critérios da CIF**. Disponível em: <http://www.desenvolvimentosocial.sp.gov.br/a2sitebox/arquivos/documentos/274.pdf>. Acesso em: 16 dez. 2015.

BELINKY, T. **Diversidade**. São Paulo: Quinteto Editorial, 1999. 35 p.

BENEFÍCIOS do café da manhã. **Pesquisa Fapesp**, São Paulo, n. 197, p. 16-19, jul. 2012. Disponível em: <http://revistapesquisa.fapesp.br/wp-content/uploads/2012/07/Pesquisa_197-123.pdf?458c41>. Acesso em: 16 dez. 2015.

BRASIL. Anvisa – Agência Nacional de Vigilância Sanitária. **Alimentação saudável**: fique esperto. Brasília. [s.n., s.d.].Disponível em:<http://www.anvisa.gov.br/propaganda/alimento_saudavel_gprop_web.pdf>. Acesso em: 16 dez. 2015.

_____. _____. **Guia de alimentos e vigilância sanitária**. Brasília: [s.n., s.d.]. Disponível em: <http://www.anvisa.gov.br/alimentos/guia_alimentos_vigilancia_sanitaria.pdf>. Acesso em: 16 dez. 2015.

_____. Lei n.º 7.853, de 24 de outubro de 1989. Dispõe sobre o apoio às pessoas portadoras de deficiência, sua integração social, sobre a Coordenadoria Nacional para Integração da Pessoa Portadora de Deficiência – Corde institui a tutela jurisdicional de interesses coletivos ou difusos dessas pessoas, disciplina a atuação do Ministério Público, define crimes, e dá outras providências. **Diário Oficial da República Federativa do Brasil**, Poder Executivo, Brasília, DF.

_____. Ministério da Ciência e Tecnologia. **Plano de aula**: Ciências – descobrindo os cinco sentidos. Disponível em: <http://portaldoprofessor.mec.gov.br/storage/materiais/0000016754.PDF>. Acesso em: 16 dez. 2015.

_____. _____. **Plano de aula**: Ciências – hábitos de higiene. Disponível em: <http://portaldoprofessor.mec.gov.br/storage/materiais/0000016758.PDF>. Acesso em: 16 dez. 2015.

_____. Ministério da Educação. Secretaria de Educação Básica. **Alimentação saudável e sustentável**. Disponível em: <http://portal.mec.gov.br/seb/arquivos/pdf/profunc/alimet_saud.pdf>. Acesso em: 16 dez. 2015.

_____. Ministério da Saúde. Anvisa – Agência Nacional de Vigilância Sanitária. **Higienize as mãos**: salve vidas: higienização simples das mãos. Disponível em: <http://www.anvisa.gov.br/servicosaude/controle/higienizacao_simplesmao.pdf>. Acesso em: 16 dez. 2015.

_____. _____. **Higiene**: saiba por que é importante lavar as mãos. Disponível em: <http://www.blog.saude.gov.br/index.php/35081-higiene-saiba-por-que-e-importante-lavar-as-maos>. Acesso em: 16 dez. 2015.

_____. _____. **Mantenha seu sorriso fazendo a higiene bucal corretamente**. Disponível em: <http://cfo.org.br/wp-content/uploads/2009/10/ms_folder_sorriso.pdf>. Acesso em: 16 dez. 2015.

_____. _____. **Mantenha seu sorriso fazendo a higiene bucal corretamente**. Brasília: [s.n.], 2012. Disponível em: <http://bvsms.saude.gov.br/bvs/publicacoes/mantenha_sorriso_fazendo_higiene_bucal.pdf>. Acesso em: 16 dez. 2015.

_____. _____. **Guia alimentar**: como ter uma alimentação saudável. Disponível em: <http://bvsms.saude.gov.br/bvs/publicacoes/guia_alimentar_alimentacao_saudavel.pdf>. Acesso em: 16 dez. 2015.

BRITANNICA ESCOLA. **DNA**. Disponível em: <http://escola.britannica.com.br/article/481159/DNA>. Acesso em: 16 dez. 2015.

_____. **Esqueleto**. Disponível em: <http://escola.britannica.com.br/article/482512/esqueleto>. Acesso em: 16 dez. 2015.

CARLINI, M. 9 motivos para tomar café da manhã. **Viva Saúde**, [s.l.], ed. 81, 6 nov. 2014. Disponível em: <http://revistavivasaude.uol.com.br/nutricao/9-motivos-para-tomar-cafe-da-manha/3538/>. Acesso em: 24 jun. 2016.

CARUSO, C. **Almanaque dos sentidos**. São Paulo: Moderna, 2009. 96 p.

CENTERS FOR DISEASE CONTROL AND PREVENTION. **Dental hygiene**. Disponível em: <http://www.cdc.gov/healthywater/hygiene/dental/>. Acesso em: 16 dez. 2015.

_____. **Show me the science**: how to wash your hands. Disponível em: <http://www.cdc.gov/handwashing/show-me-the-science-handwashing.html>. Acesso em: 16 dez. 2015.

CIBOUL, A. **Os cinco sentidos**. Tradução de Maria Luiza Newlands Silveira e Luciano Vieira Machado. São Paulo: Salamandra, 2003. 32 p.

COLGATE. Centro de Cuidado Bucal. **O que é cárie?** Disponível em: <http://www.colgate.com.br/app/CP/BR/OC/Information/Articles/Oral-and-Dental-Health-Basics/Common-Concerns/Cavities-Tooth-Decay/article/What-are-Cavities.cvsp>. Acesso em: 16 dez. 2015.

CONVIVÊNCIA: ética, cidadania e responsabilidade social. Tradução de Norma Goldstein. 2. ed. São Paulo: Larousse do Brasil, 2007. p. 18-19.

DÂNGELO, J. G.; FATTINI, C. A. **Anatomia humana básica**. 2. ed. São Paulo: Atheneu, 2002. 184 p.

FERREIRA, A. B. de H. **Novo dicionário Aurélio da língua portuguesa**. 3. ed. Curitiba: Positivo, 2004. 2.120 p.

FERREIRA, J. T. B.; ZARBIN, P. H. G. Amor ao primeiro odor: a comunicação química entre os insetos. **Química Nova na Escola**, n. 7, p. 3-6, maio 1998. Disponível em: <http://qnesc.sbq.org.br/online/qnesc07/quimsoc.pdf>. Acesso em: 16 dez. 2015.

FREITAS, A. Café da manhã é a refeição mais importante do dia? **Galileu**, São Paulo, 26 ago. 2014. Disponível em: <http://revistagalileu.globo.com/Ciencia/Saude/noticia/2014/08/cafe-da-manha-e-refeicao-mais-importante-do-dia.html>. Acesso em: 16 dez. 2015.

GIERING, M. E. A organização retórica de artigos de divulgação científica: influências externas sobre escolhas do produtor. In: SIMPÓSIO INTERNACIONAL DE ESTUDOS DE GÊNEROS TEXTUAIS, 5., 2009, Caxias do Sul. **Anais**... Caxias do Sul: Editora da UNISUL, 2009. Disponível em: <http://www.ucs.br/ucs/tplSiget/extensao/agenda/eventos/vsiget/portugues/anais/textos_autor/arquivos/a_organizacao_retorica_de_artigos_de_divulgacao_cientifica_influencias_externas.pdf>. Acesso em: 27 out. 2016.

GORDURA atua na produção hormonal, temperatura e atividade do intestino. **G1**, São Paulo, 12 out. 2011. Disponível em: <http://g1.globo.com/bemestar/noticia/2011/10/gordura-atua-na-producao-hormonal-temperatura-e-atividade-do-intestino.html>. Acesso em: 16 dez. 2015.

HAMMOND, C. Quantas vezes se deve ir ao dentista por ano? **BBC**, São Paulo, 1.º out. 2014.Disponível em: <http://www.bbc.com/portuguese/noticias/2014/10/140930_vert_fut_dentista_dg>. Acesso em: 16 dez. 2015.

HIGAKI ODONTOLOGIA. **O que é uma boa higiene bucal**. Disponível em: <http://www.higakiodontologia.com.br/implantes/campinas/higienizacao-bucal.html>. Acesso em: 16 dez. 2015.

IT'S up to you. Disponível em: <http://www.bbc.co.uk/northernireland/schools/4_11/uptoyou/healthy/nutrientfacts5.shtml>. Acesso em: 16 dez. 2015.

JAPONESES criam método para identificar pessoas pelo jeito de andar. **G1**, São Paulo, 5 out. 2015. Disponível em: <http://g1.globo.com/jornal-nacional/noticia/2015/10/japoneses-criam-metodo-para-identificar-pessoas-pelo-jeito-de-andar.html>. Acesso em: 24 jun. 2016.

JOB profiles: dentist. Disponível em: <http://www.prospects.ac.uk/dentist_job_description.htm>. Acesso em: 16 dez. 2015.

KUKSO, F.; LOTERSZTAIN, I. **O banho não foi sempre assim**. Tradução de Thais Rimkus. São Paulo: Callis, 2012. 40 p.

LAROUSSE. **Corpo humano**: como é feito, como funciona e cuidados com a saúde. Tradução de Adriana Carvalho. São Paulo: Larousse do Brasil, 2005. 76 p.

_____. **Mini Larousse do corpo humano**. Tradução de Silvana Salerno e Alice Charbin. São Paulo: Larousse do Brasil, 2003. 35 p.

LIXO brasileiro. Disponível em: <http://www.suapesquisa.com/ecologiasaude/lixo.htm>. Acesso em: 16 dez. 2015.

LONGOUR, M. **O corpo**. São Paulo: Salamandra, 2003. 32 p.

LOPES, N. Como fazer sabão ecológico biodegradável. **Gestão Escolar**, [s.l.], ed. 007, abr./maio 2010. Disponível em: <http://gestaoescolar.abril.com.br/administracao/sabao-ecologico-reaproveitando-oleo--cozinha-usado-541452.shtml>. Acesso em: 16 dez. 2015.

MACHADO, R. N.; WINOGRAD, M. A importância das experiências táteis na organização psíquica. **Estudos e Pesquisas em Psicologia**, Rio de Janeiro, v. 7, n. 3, p. 462-476, dez. 2007.

MAMAN, E. **Descubra os benefícios do café da manhã**. 27 abr. 2011. Disponível em: <http://definicao-total.com.br/nutricao/descubra-os-beneficios-do-cafe-da-manha/#sthash.JTHCjyRX.dpuf>. Acesso em: 24 jun. 2016.

MENTAL HEALTH FOUNDATION. Disponível em: <http://www.mentalhealth.org.uk/>. Acesso em: 14 set. 2016.

MILHORANCE, F. A nova composição do café da manhã. **O Globo**, Rio de Janeiro, 15 fev. 2014. Disponível em: <http://oglobo.globo.com/sociedade/saude/a-nova-composicao-do-cafe-da-manha-11612251>. Acesso em: 16 dez. 2015.

OLIVEIRA, T. V. de. De onde vem a comida? **Guia prático para professores de Educação Infantil**. Disponível em: <http://revistaguiainfantil.uol.com.br/professores-atividades/98/imprime215328.asp>. Acesso em: 16 dez. 2015.

OLIVEIRA, V. R. de; MALTA, M. C. M.; FILHO, D. de O. L. Conceito de alimento natural e alimento industrializado: uma abordagem sócio-comportamental. In: XXVII ENCONTRO NACIONAL DE ENGENHARIA DE PRODUÇÃO, 2007, Foz do Iguaçu, PR. Disponível em: <http://www.abepro.org.br/biblioteca/enegep2007_tr610460_9791.pdf>. Acesso em: 16 dez. 2015.

ORLANDI, A. S.; CASTRO, A. C. de. Órgãos dos sentidos. In: SCHIEL, D; ORLANDI, A. S. (Orgs.). **Ensino de Ciências por investigação**. São Paulo: USP, 2009. Disponível em: <http://www.cdcc.usp.br/maomassa/doc/ensinodeciencias/orgao_sentidos.pdf>. Acesso em: 16 dez. 2015.

PACIEVITCH, T. **Dentista**. Disponível em: <http://www.infoescola.com/profissoes/dentista/>. Acesso em: 16 dez. 2015.

PEDROSO, A. C. **Os sentidos**: o tato, o paladar, o olfato, a audição e a visão. Disponível em: <http://www.fvt.com.br/uploads/2010/03/dbb223_os_sentidos_tato__olfato_e_paladar.pdf> Acesso em: 16 dez. 2015.

PEREIRA, C. B.; EID, N. L. M. **A criança e os dentes**. Disponível em: <http://www.abcdasaude.com.br/odontologia/a-crianca-e-os-dentes>. Acesso em: 16 dez. 2015.

PLOTNIK, J. M.; WALL, F. B. M; REISS, D. **Proceedings of the National Academy of Sciences of the USA**, Washington, v. 103, n. 45, Sep. 13, 2006.

PRINCÍPIO dos 3 Rs. Disponível em: <http://dgi.unifesp.br/ecounifesp/index.php?option=com_content&view=article&id=10&Itemid=8>. Acesso em: 16 dez. 2015.

MUHLPOINTNER, M. D. Quanto lixo produzimos! **Nova Escola**. Disponível em: <http://www.gentequeeduca.org.br/planos-de-aula/quanto-lixo-produzimos>. Acesso em: 16 dez. 2015.

RADEAU, M. Du ventriloque à l'embryon: une réponse à Molyneux. In: PROUST, J. (Org.). **Perception et intermodalité**: approches actuelles de la question de Molyneux. Paris: PUF, 1997. p. 223-252.

RECINE, E.; RADAELLI, P. **Cuidados com os alimentos**. Disponível em: <http://189.28.128.100/nutricao/docs/geral/cuidadoAlimentos.pdf>. Acesso em: 16 dez. 2015.

RECONHECIMENTO de íris. Disponível em: <http://www.gta.ufrj.br/grad/08_1/iris/>. Acesso em: 24 jun. 2016.

RIBEIRO, M. **Somos iguais mesmo sendo diferentes**. São Paulo: Moderna, 2012. 40 p.

ROCHA, L. **Piolho**: pesquisador esclarece o que é a pediculose, doença provocada pelo inseto. Disponível em: <http://portal.fiocruz.br/pt-br/content/piolho-pesquisador-aponta-mitos-e-verdades-sobre-pediculose>. Acesso em: 16 dez. 2015.

ROMANZOTI, N. **Como evitar o mau hálito**. 17 fev. 2011. Disponível em: <http://hypescience.com/como-evitar-omau-halito/>. Acesso em: 16 dez. 2015.

SADAVA, D. et al. **Vida**: a ciência da Biologia. 6. ed. Porto Alegre: Artmed, 2005. 3 v.

SANTA CATARINA. Prefeitura Municipal de Florianópolis. Diretoria de Educação Infantil. **Orientações sobre o sono na Educação Infantil**. Jan. 2011. Disponível em: <http://www.pmf.sc.gov.br/arquivos/arquivos/PDF/16_02_2011_10.59.18.959fb1c8311f3151cf7d340c8bb9dd8f.PDF>. Acesso em: 16 dez. 2015.

SANTOS, A. C. M. F. dos; MANOLESCU, F. M. K. A importância do espaço para o lazer em uma cidade. In: XII ENCONTRO LATINO-AMERICANO DE INICIAÇÃO CIENTÍFICA; VIII ENCONTRO LATINO-AMERICANO DE PÓS-GRADUAÇÃO; II ENCONTRO LATINO-AMERICANO DE INICIAÇÃO CIENTÍFICA JÚNIOR, 2008. Disponível em: <http://www.inicepg.univap.br/cd/INIC_2008/anais/arquivosEPG/EPG01058_01_O.pdf>. Acesso em: 16 dez. 2015.

SANTOS, W. N. dos; COIMBRA, J. L. **Instrumentais odontológicos**. Disponível em: <http://usuarios.upf.br/~fo/ASB/Esquema%20de%20aula%20-%20ASB%20-%208%20-%20Instrumentais%20odontologicos.pdf>. Acesso em: 16 dez. 2015.

SÃO PAULO (estado). Secretaria do Meio Ambiente. **Coleta seletiva**: na escola, no condomínio, na empresa, na comunidade, no município. Disponível em: <http://www.lixo.com.br/documentos/coleta%20seletiva%20como%20fazer.pdf>. Acesso em: 16 dez. 2015.

_____. Prefeitura do Município de São Paulo. Secretaria Municipal de Saúde. Coordenação de Vigilância em Saúde. **Boas práticas de manipulação de alimentos**. 2006. Disponível em: <http://www.prefeitura.sp.gov.br/cidade/secretarias/upload/Manual_Alimentos_Seguros_1255033506.pdf>. Acesso em: 16 dez. 2015.

SILVA, D. A. M. da et al. **Importância da recreação e do lazer**. Brasília: Ideal, 2011. Disponível em: <https://repositorio.ufsc.br/bitstream/handle/123456789/128023/CADERNO%20INTERATIVO%204.pdf?sequence=1>. Acesso em: 16 dez. 2015.

SMITH, M.; ROBINSON, L.; SEGAL, R. **How much sleep do you need?** june 2006. Disponível em: <http://www.helpguide.org/articles/sleep/how-much-sleep-do-you-need.htm>. Acesso em: 16 dez. 2015.

SOARES, L. G. da C.; SALGUEIRO, A. A.; GAZINEU, M. H. P. Educação ambiental aplicada aos resíduos sólidos na cidade de Olinda, Pernambuco: um estudo de caso. **Revista Ciências & Tecnologia**, Recife, v. 1, n. 1, p. 1-9, jun./dez. 2007. Disponível em: <http://www.unicap.br/revistas/revista_e/artigo5.pdf>. Acesso em: 16 dez. 2015.

SOUZA, C. G. **O lixo e suas consequências**. Disponível em: <http://www.portalcantu.com.br/colunistas-do-portal-cantu-parana/item/208-o-lixo-e-suas-consequ%C3%AAncias#sthash.FqUKvMJ7.dpuf>. Acesso em: 16 dez. 2015.

SPARACINO, A. **11 surprising health benefits of sleep**. Disponível em: <http://www.health.com/health/gallery/0,,20459221,00.html>. Acesso em: 16 dez. 2015.

STATE GOVERNMENT OF VICTORIA. Better Health Channel. **Personal hygiene**. Disponível em: <http://www.betterhealth.vic.gov.au/bhcv2/bhcarticles.nsf/pages/personal_hygiene>. Acesso em: 16 dez. 2015.

TARSILA do Amaral: biografia resumida. Disponível em: <http://tarsiladoamaral.com.br/biografia-resumida/>. Acesso em: 16 dez. 2015.

TEIXEIRA JÚNIOR, M. A. B.; SFERRA, L. F. B.; BOTTCHER, L. B. **A importância do lazer para a qualidade de vida do trabalhador**. Disponível em: <http://www.aems.edu.br/conexao/edicaoanterior/Sumario/2012/downloads/2012/saude/A%20IMPORT%C3%82NCIA%20DO%20LAZER%20PARA%20A%20QUALIDADE%20DE%20VIDA%20DO%20TRABALHADOR.pdf>. Acesso em: 16 dez. 2015.

TELAROLLI JUNIOR, R. **Epidemias no Brasil**: uma abordagem biológica e social. 2. ed. São Paulo: Moderna, 2003. 120 p.

TRANCOSO, S. C.; CAVALLI, S. B.; PROENÇA, R. P. da C. **Café da manhã**: caracterização, consumo e importância para a saúde. Disponível em: <http://www.scielo.br/pdf/rn/v23n5/a16v23n5.pdf>. Acesso em: 24 jun. 2016.

UNIMED DO BRASIL. **Manual de alimentação saudável**. Disponível em: <http://docente.ifrn.edu.br/irapuanmedeiros/disciplinas/qualidade-de-vida-e-trabalho/manual-da-alimentacao-saudavel>. Acesso em: 16 dez. 2015.

UNITED NATIONS ENABLE. Development and Human Rights for All. **Fact sheet on persons with disabilities**. Disponível em: <http://www.un.org/disabilities/documents/toolaction/pwdfs.pdf>. Acesso em: 13 abr. 2015.

UNITED STATES OF AMERICA. Department of Health and Human Services. National Heart, Lung and Blood Institute. **Why is sleep important?** 22 feb. 2012. Disponível em: <http://www.nhlbi.nih.gov/health/health-topics/topics/sdd/why>. Acesso em: 16 dez. 2015.

VARELLA, D. **Mau hálito**. 16 jun. 2015. Disponível em: <http://drauziovarella.com.br/letras/h/mau-halito/>. Acesso em: 16 dez. 2015.

_____. **Voz**. 6 out. 2014. Disponível em: <http://drauziovarella.com.br/envelhecimento/voz-3/>. Acesso em: 24 jun. 2016.

VILLELA, N. B.; ROCHA, R. **Manual básico para atendimento ambulatorial em nutrição**. 2. ed. Salvador: EDUFBA, 2008. 120 p. Disponível em: <http://books.scielo.org/id/sqj2s/pdf/villela-9788523208998-01.pdf>. Acesso em: 16 dez. 2015.

WILLIAMS, C. Por que somos seres únicos? **Galileu**, São Paulo. Disponível em: <http://revistagalileu.globo.com/Revista/Common/0,,EMI317647-17825,00-POR+QUE+SOMOS+SERES+UNICOS.html>. Acesso em: 16 dez. 2015.

WINSTON, R. **Do que eu sou feito?** São Paulo: Caramelo, 2009. 96 p.

YOUSSEF, M. da P. B. **Promovendo a alimentação saudável**. São Paulo: Cereja, 2013. 15p.